U0071472

AQUARIUS

AQUARIUS

AQUARIUS

AQUARIUS

Vision

一些人物，
一些視野，
一些觀點，
與一個全新的遠景！

因愛誕生
一段父親帶我回家的路
知名諮商心理師
蘇絢慧

【推薦序】

我和「我愛羅」的相逢

王裕仁

愛，從來不是一件簡單的事。很多時候，我們不知道自己付出的是否真是對方所要的愛，不管是在親子、伴侶、朋友間各種的關係裡，尤其當我們熱切付出時，結果卻未必盡如人意。更有甚者，我們不知道如何愛自己，當我們用盡一切方法以為對自己好的時候，卻還是跌落在無止盡的空虛和不滿足中。

愛也可以是很簡單的一件事。如果你曾看過母親摟抱初生嬰兒時，眼中散發的光輝，你會知道那就是愛，不用言語、不用任何說明，愛已經傳遞。或者，當我們決定放自己一馬，不把自己逼到死路上的時候，我們就是在善待自己，愛自己。

正因為如此，愛向來是需要冒險的，需要去嘗試，也可能受傷。每個人在學會愛這件事上所經歷的風景可能是非常不同的，然而，最後的終點卻是一樣的，我們必先學會如何愛自己，才有能力去好好愛人。

同時，愛也有千百種形式，相對地，傷害也有千百種形式。早年的遺棄不管原因為何，對孩子總是一種傷害，雖然我們常聽到這樣的話「這都是為了孩子好，因為他／她跟著我不會有好日子。」且不管事實真相如何，有時愛也可能是一種傷害。有人以愛之名傷人，有人在愛的名義下受傷。

所幸，愛的力量總大過於傷害的力量，而傷害有時教會了我們另一種愛的可能，也就是寬恕與體諒。所以我們在生活中、在社會上仍可以常常感受到愛，雖然免不了還是有一堆狗屁倒灶的事，但因為有愛，讓我們能夠持續去面對或減少這些傷害。

愛，不管愛人或愛己，既是一股天生而來的能量，也是一種需要學習的能力。如何學習愛，可以說是一件既簡單偏又複雜，但卻是非常重要的事，而絢慧這本新書，無疑地，在「愛的本質」以及「如何學習愛」這兩件事上，做了很棒的註解。

我和絢慧的相遇以及認識，是在就讀心理與諮商研究所的時候。當時她已是個小有名氣的作家，偏偏我孤陋寡聞，在認識她之後，才陸續由身邊的人知道她寫過的書，以及她帶給讀者的影響。或許也因為這樣，我從一開始認識的她，便沒有那些所謂的光環、身分或其他立足在社會上可能需要的表徵，而是純粹的她。

在研究所幾年的相處下來，我感受到她的體貼，總是不忘在同學生日時，準備個小蛋糕讓大家可以一起幫他／她慶生，共享這份快樂。在助人專業的這個學習歷程裡，我更可以感覺到她持續存在的熱情和執著，從而產出源源不絕的療癒力量。然而，我也留意到在她眼中偶爾閃過的倔強和孤寂，裡面好像有好多好多的故事。在我們逐漸熟稔之後，我開始知道一些屬於她的故事，每個片段都是強烈又讓人心疼的，更和我自己的生命經歷有極大的不同。

我是在充滿愛的環境中長大，而絢慧卻是從愛的失落裡成長。換作是我，我無法想像自己是否熬得過來，更遑論還有餘力去付出愛，然而，她卻一一辦到了。這份面對生命苦難的勇氣是我難望其項背的，而今，她更展現了另一份勇氣，把這些走過的灰暗呈現出來。我相信那是因為現在的她，已經能夠面對小房間裡那個「舊我」的死屍，所以無懼，這樣的勇氣更令我動容。愛自己的過程中，免不了總要面對過去的崎嶇，也唯有坦然的接納，才能真正走向與自己的和好；愛也才能發芽茁壯，而不只是風中浮萍，承不起生命的挑戰與重量。

在絢慧過去的書裡，經常可以看到一幅幅愛的風貌，尤其是在臨終關懷的場域裡，在在令人動容。在生命最靠近終點的地方，很多事物都被壓縮，包括愛，留下的也許是最純粹的部分，然而有時難免仍有遺憾。試想，若這份愛可以來得更早一些，生命將可以更早被疼惜，而我看到的絢慧也努力朝這個方向去做，讓人與人的愛可以來得更及時。

最好的例子，就是從這本書裡看到她從愛自己出發，在撫平過去的傷痛同時，進而散發出更不同於過往的愛之力量與熱度。套用武俠小說裡的概念，在絢慧生命早期裡的空，在被她掌握之後，轉化成一種更能傾聽、更能感受對愛的需要的能力，也因此更能發出呼應。

這次我有幸在此書上市之前先一睹為快，從絢慧娓娓道來的歷程中，我看到一段她與自己不斷和好的過程。縱使沿途滿是荊棘，但沒有讓她停下來腳步，而是選擇繼續向前走，且希望能發散這份得來不易的愛。所以，若您也在尋找或想認識什麼叫做愛，或您已在愛裡而希望能更進一步，愛得更貼近，請容我誠摯地向您推薦本書，不只是以絢慧好友的角色發聲，同時也是以一個學習如何愛的人的立場邀請您共享。

【自序】以愛縫補

這是一本寫著我如何走向自我療癒，與如何進入療癒工作的書。生命裡，一些事一些人構成了這些契機的發生，但這絕對不是我計畫得來的。每一次生命的跌落，都帶來生命的轉彎。而每一次的轉彎，都像有一個謎題，等著我去解開。我不斷的問自己，何以我的人生是如此登場？何以我的生命路程要如此顛簸？何以我必須存在？我的存在究竟是為了什麼？

我相信這些人生謎題還會繼續解下去。但我現在有個很大的相信是：我是因為愛而誕生，而存在。

在幼年時，除了父親短暫的愛，我沒有體會過什麼太深刻的愛，也相信自己是不被愛與不被期待的生命。我的生命像一片荒野，空蕩荒涼。人們經過總是來去匆匆，沒有人真的停留好好的待在這片荒野中，認識這片荒野或了解這片荒野。荒野就是如此孤零零的存在，即使，荒野曾經渴望有人為它停留。

當然，在幼年的時候，我不懂任何生命的存在是不需要理由，也不需要條件，僅僅存在著，就是一份美好，以至於我大半輩子的時間，花了不少力氣在拿取自己是夠資格活在這世上的證據，也拚了命想要獲得他人的認可。過去，我不知道「努力」本身，就是來自於內在的焦慮，害怕自己的不足與缺乏而被這世界鄙棄。但即使這麼拚命存活，「努力」並沒有讓我的靈魂真的得到安寧，在不斷擁有的過程中，靈魂也沒有因此獲得完整感與充實感，我還是常感受到莫大的虛空與孤單。

但上天，我的神恩待了我，帶我走向尋找自我，療癒生命的旅程。在機緣的安排下，我走到離生命盡頭最近的地方，看見人們在生命盡頭之處的掛念、遺憾與渴望。和這些人生命交會，是屬天的恩典，他們開啟了我的眼，看見生命的陰影與黑洞，也真實的接近生命的傷痛。

傷痕累累的生命，難道只是承接著無意義的瘡疤？還是，那是愛的記號，是愛走過生命的痕跡呢？就如耶穌因著愛，為人類承受了釘十字架的苦痛，並留下了釘痕。我們的人世，或許也是如此，為了愛的緣故，我們的生命留下了一些傷痛記號，紀念愛走過的痕跡。這些痕跡，是領我們靈魂回家的路，讓我們知道，人生過程或許會迷失自我，或許幾經失落，或許歷經了不少創傷打擊，但這些都無法將你與愛隔絕，也無法阻礙你走回光中，溫熱你的心，熱愛你的生命。

「重要的不是生命對你做了什麼，而是你如何處理生命對你做的事。」Edgar Jackson曾說。

療癒之路正是為了帶生命回到光中，回到愛中。因著那些臨終生命的啟示，我開始回應與處理生命曾經發生過的失落、傷痛經歷與我那破碎的心。所有的傷痛事件都不會改變，也無從改變，生命所發生過的憾事也確實發生了，能改變的唯有我們的再看，並且重新選擇如何回應生命裡所發生的這些事。

療癒歷程的起頭，就是能回到傷痛本身，好好的端詳與撫慰。那陰影與創傷就像怪獸或巨蛇般的包圍著內心純真與需要愛的小孩，如果我們以各種方法迴避生命累積的傷痛，也等於迴避掉內在受傷小孩的求助與呼喚。

要愛一個看起來無助無能，甚至難看，醜陋，有傷疤的小孩並不容易，這是人的限制，我們總愛看起來美麗耀眼的事物，就因如此，我們需要以更成熟與更寬廣的愛來愛受傷後的自己。回到生命的源頭，藉著與生命對話，經驗與體會什麼是愛、慈悲、饒恕、寬容與成全。

希望這本我與生命對話的書，能如我所願分享出愛。並且，因著這份愛，陪伴著想找回愛自己的力量的靈魂，能得著擁抱與善待，然後，開始願意捧住自己的破碎心，以愛縫補，慢慢讓心靈完整。即使，有淡化掉的傷痕，卻再也不痛了。

世界啊，當我死後，
請在靜謐中，為我留下「我曾經愛過了」。
我們愛這世界，才活在這世上。

——泰戈爾

目錄

因愛誕生——一段父親帶我回家的路

第二章　走向療癒

第三章　活出完整，活出愛

楔子
因愛誕生

你有沒有得到這輩子最想要的東西呢？我得到了。
說我在人間愛過，同時也被愛了。
——瑞蒙・卡佛

一九七三年七月三十日我來到這世上。

我一出生，原生家庭就已注定破碎。我的父母親沒有婚姻關係，我是俗稱的「私生子」，我藉著這樣的家庭來到這世界上。而我出生後不久，我的母親就離開我的生命，從此斷了音訊。我的父親因為某些原因，不常在我身邊，我的童年必須仰賴父親的親友們照顧，才能活下來。

誕生在這樣破碎的家庭中，是因為愛嗎？

大半輩子，我深信我是一個不被愛的孩子；大半輩子，我相信我的生命是一個失敗與錯誤的記號。我有太多不值得被愛的證據：沒有父母與健全的家庭、沒有資優的聰明才智、沒有出眾的外表、沒有說得出口的家世背景，還有，一連串被拋棄與被背叛、被傷害的情事。

這樣的我，深信自己是不被愛的生命。

曾經，我聽人說我是垃圾；曾經，我聽人說我是誰都不要的小孩；曾經，我聽人說我是受詛咒的命；曾經，我聽人說我是不幸的人，或是不值得被愛的人。但現在，人生走過半輩子，我領會到許多深刻的愛，也在人間看見許多感人的愛，我發現，原來，我是因愛來到這世界上的。

為了尋愛，為了學習愛與體會愛，我來到這世上，學習這一門特別的功課；原本貧乏無愛的心靈，一點一滴因為愛而豐富起來。

我這樣一個失去父母親愛的孩子，要能存活下來，需要許多有形無形的愛，這一路，我漸漸的發現這些愛的存在，已超越一個孩子所依賴的父母之愛。

在成長的過程，因著發現愛，我獲得力量往前走，因著感受到愛，我完整成長，改變了宿命下原本想毀滅自己的念頭，我獲得真實的生命，並堅持成為一個信仰愛的門徒，與立志成為愛的療癒者。

我相信，這也是每一個人來世上最重要的學習，成為一個愛的使者，回到光中，然後，為這世界帶來更多光與良善力量。使原本看似不全、缺乏的生命，都有機會成為完整、美好的生命。

第一章 愛的練習

試著長大，試著理解，
即使愛讓你淚流滿面，
也要繼續相信。
——珍・維查奇瓦

一切從這裡開始

一九九九年五月某天的午後，是我生命中重要的日子，我的生命從那刻起變得不同，我清楚的看見自己生命的巨慟，卻也因此拯救了我日後的生命。

這一天是我走進臨終病房工作的第一天。我遇見了一個十七歲的男孩，他才剛剛被接到病房，背在背後的書包甚至還沒放下，他就哭倒在他剛離世的母親身上，他來不及見他母親最後一面，他只能哭喊著：「媽媽、媽媽……」

他的父親與其他人站在床尾，默默流著淚，卻沒有人走向前靠近他。

我很訝異，怎麼一個孩子如此悲慟卻沒有人能靠近一步？我雖然鼻酸也心疼，卻仍走近他，把他扶起來後，坐在一旁。我一同陪他注視著他母親的臉，他仍流著淚，神情有說不出的哀傷。在靜默片刻後，他轉頭對我說：「妳說，媽媽等一下會不會醒過來告訴我，她是開玩笑的？」

我心裡感受到一陣心疼，鼻子與眼眶也瞬間感覺到酸痛，但我沒因此迴避他的問話，我回答他：「不會的，媽媽她不會再醒過來了，她是真的離開你了，離開這個世界。」

男孩聽了，淚水更是流不止。

然後，我告訴他，母親剛過世，耳力聽覺尚未完全消失，我問他是否願意把最後想對母親說的話告訴她。

男孩想了一下，點點頭，然後起身走到母親耳邊，彎下腰來，輕聲的說：「媽媽，我知道妳要走了，我很捨不得妳。但如果妳一定要離開，請好好的走。我會學會照顧自己和爸爸。」

在這一刻，病房內的空氣瞬間凝結，不再流動，一切都靜止住，整個空間變得好安靜好安靜，好像全世界都凍結在這一刻。我清楚的聽見自己的心被撞擊的聲響，男孩與母親道別的這一幕，讓我的思緒一下子倒轉，回到十四歲時，我在殯儀館見父親最後一面時的記憶。心痛的感覺突然變得清晰可觸摸，不再只是說不清楚的巨大黑影。

我掉入時間的漩渦，瞬間我的腦海浮現了當年的自己，充滿了哀傷與父親告別。在此刻，我明白了對十四歲的我來說，那是巨慟，和永恆的失落。我也意識到了，我失去了一個對父親親口表達不捨與道別的機會。父親就在某一天，徹徹底底的消逝在這世界上，也在那一天，我成為一個沒有父親的小孩。就因如此遺憾，我才會在這一刻引導了男孩好好與母親道別，好好的為這一刻哀悼。即使，我知道那有多麼的心痛與多麼難承受。

但或許不全然是我在幫助這個男孩好好的與母親告別，而是這男孩出現在我生命中，告訴了我，我的生命有個巨大的黑洞，黑洞裡是滿滿的悲慟與我不敢面對的生命缺憾。

他的生命失去了母親，我的生命失去了父親，我和他因著這份失去，有了連結。我對他每說一句話，都好像在對十四歲的我說話。我對他說，失去母親後，是條很孤單的路，會有失落，會有思念，也會有無法讓別人懂的心情。但不要忘記，母親曾經好愛你。如果可以的話，她會願意陪你成長，即使現在她離開你了，她的愛還是伴著你。

男孩點點頭。

那是一個很短暫的相遇，在我和他的生命地圖中。

男孩後來和父親離開病房，送母親至殯儀館，於是，我告別了他們。離開病房後，我的眼淚開始無法抑制的從眼角落下。我那壓抑許久的傷痛，假裝不存在的失落，像觸電般的驚醒過來，它們像無助受傷的小孩等著我回應，等著我安撫，等著我有所表示。

那男孩的現身，像是深埋在我內心暗處的喪父小女孩借體還魂，哭喊著自己有多心痛，還有道不盡的失落，與被遺棄的哀傷。

我並不知道該怎麼辦，複雜的感覺糊成一團，讓人分不清楚究竟是什麼。但至少我知道一件事，這傷痛與失落既然被掀開來了，就無法再撇過頭去，用蠻力掩蓋住，假裝不存在。我清楚的知道，如果我無法回應我的失落，也無法與我的悲傷相處，我又怎麼有可能去與他人的悲傷共處，我又怎麼有可能有力量關懷他人的悲傷。我該去面對也該去處理這長久忽略的傷痛，不僅為了我自己，也為了在工作中我所陪伴的病人與家屬們。

我再也不能以忽視與冷漠來對待自己，也做不到再以堅硬剛強的壓抑方式來處理傷痛。如果我再對自己殘忍，對自己無情，對自己不理不睬，我怎麼可能對他人仁慈、對他人有情，對他人的傷痛有所回應？

雖然一時之間，我不知道如何能有不同的力量與慈悲之心來撫慰我內在受傷的心靈，但隱約中，我感受到我將領受一份生命的禮物。這是生命意外的安排，領我到生離死別的交界處，讓我好好的正視這份失落，也好好的學習這門生死智慧的奧祕。雖然，我知道自己的無知與無能，但我亦明瞭，生命既已甦醒，就沒有再昏睡的道理。

我的內在，因著傷痛被揭開，而感受到巨大的裂縫與空洞。那裂縫與空洞是由於長期的不要感受、不要回顧、不要碰觸所造成的生命創裂。我的生命像被剖開似的，斷裂成兩半，不，或許是更多段，零零散散的，不成一體。

清楚的感受到這巨慟，讓我心驚膽跳。生活本來習以為常的軌道都變得扭曲，極不穩定，過去與此刻形成了左派與右派的極端意見，讓人無法決定要憑著過去的習性過日子，還是要勇敢的探尋新的。

我也不確定碰觸悲傷後的自己是否能就此不同，事實上，在這一刻，我對失落與悲傷的概念十分模糊，似懂非懂。但無論如何，我清楚的感受到自己的心碎，像是心被挖掉了一大塊，好疼好痛。

帶著這痛的感覺，我決心參加一個生命重整的工作坊，希望在心理專業工作者的協助下，讓我有勇氣碰觸內在深沉的失落。

但要勇敢的碰觸傷痛沒那麼容易。三天的工作坊，大部分的時間我都處在掙扎中。即使，我清楚的知道我來的目的就是碰觸塵封已久的傷痛，但是，我無法有把握這麼做是更好的選擇。如果，塵封的傷痛打開之後，負面的情緒淹滅了我，那麼我好不容易建構起來的生活世界，可能會因此崩毀。如果我再也無法運轉下去，我怕我會發現，其實我一點兒活下去的勇氣都沒有了。

碰觸傷痛與迴避碰觸變成兩個強大的拉力，拉扯著我往不同的方向去。

一直到第三天的最後一個時段，工作坊的帶領老師問了在場唯一還未成為主角的我，內在是否發生什麼事，以至於我一直到工作坊最後一個時段仍還猶豫。我點頭，表示自己確實很害怕，想處理生命未竟之事的動力，與害怕處理的恐懼感在我內在嚴重拉扯與搏鬥。

後來，在老師一步一步的引導下，我一層層靠近自己內在的恐懼，那恐懼包裹著深層與沉重的悲傷，而那悲傷是我長期否認，不敢承認的失落——我失去了我的父親，他再也不會回來，他已經死了。

我聽到自己在痛哭中呼喊著：「他已死了，他已死了，沒有用了，不管我說什麼，他都聽不到了，他已死了……」

接著我又聽到自己說：「我還沒告訴他我很愛他，我還沒告訴他我一直在等他帶我回家。」

我哭得激動，幾乎是暈眩在地上，啜泣不止，整個臉上盡是淚水。我閉著眼睛，整個人處在黑暗中，卻清楚的看見躺臥在棺材裡的父親，與他慘白的臉，和那一動也不動的身軀。在這一刻，我又再度回到父親離世的時刻，我的心奇痛無比，痛的感覺淹沒了我，我胸悶到幾乎快沒了呼吸。在老師的協助下，我才得以帶著傷痕累累的心一步步的向父親告別，慢慢的從痛苦深淵回到現實的世界。

即使回到了現實世界，我的淚水並沒有因此停止。那淤積在心的悲傷，像是洩洪般，把長期壓抑住的感覺狂洩出來。

我雖然沒有在工作坊得到完全的傷痛療癒，卻因此打開療癒之旅的序幕。我想要為自己的苦痛負起責任，而不只是怪罪命運或是埋怨自己福薄命薄才會得不到完整的愛。

那時，父親已消逝在我的生命十二年，但因為傷痛的記憶被開啟，父親以巨大的身影現身，佔據了我所有的思緒與感覺，於是自此，父親猶如無時無刻的存在，我不停的與他對話，也不斷的與過去的自己對話，我才發現，我和父親十四年的父女關係，到他死亡那刻，都像是零散的拼圖，始終看不出圖像全貌。記憶東一塊西一塊，有許多部分甚至是空白。這份空白讓我更加失落，更加感到悲傷，好似再次證實了自己生命的缺乏與空洞。

面對這些空白，我不停回想究竟父親在世的生命，和我有什麼連結；也不斷的搜尋那些封鎖在內心深處的早年記憶。我強烈的渴望，我想要找回父親的影像，我想要找回他和我共同的生活經驗，我想要把失落的感受找回來。

當我轉頭看見自己長達十二年的時間拒絕提起父親、拒絕回想過往、拒絕碰觸內在的脆弱，我好訝異自己怎能在空洞與麻木中活下來？這樣的活，不是感受不到任何的愛與熱情嗎？這樣的活，不是一種自我分裂嗎？

我終於明白，拒絕經驗悲傷的我，也把愛的體會與愛的記憶拒絕了。久了以後，這些空白蔓延到我的其他部分，情緒、記憶、想法，漸漸都遭空白佔滿，使我的生命更顯空洞，毫無意義感。雖然我還是會「過日子」，雖然我還是能隨著社會的安排走，但了無生趣的感覺一直盤據我心頭，始終無法快樂。

當我可以悲傷，當我可以流淚，當我可以痛苦時，「我」終於像飄散在雲氣中的魂，找到了附體，被注入生命該有的那一口氣，得以重生了。

從這刻開始，我感覺到，我是真的從「死」裡活過來了。

愛的面貌

在病房工作的日子，我必須同時也面對自己生命長久累積的失落與遺憾。當我慢慢的從病人的生命故事體會到越來越多人世間的情與愛時，我生命所缺的那一大塊，輪廓也跟著越來越清晰。

我意識到我已徹底失去陪伴父親好好走完人生最後一段的機會。這個心願注定是恆久的遺憾，而我必須學會接受這份遺憾與我的生命共同存在。

讓我意識到這遺憾將永恆存在，是由於我認識了一位和我同年齡的女孩，那時我們都二十七歲。她有著一位長年在外飄泊，放棄家庭責任的父親。而她的母親在她很小的時候就憤而離家，從此斷了音訊。所以，幼年的她常寄宿親戚家過日子，成年後有了養活自己的能力就開始獨立生活，堅持不再依靠別人。

有一天，那失聯很久的父親突然出現，告訴她，他生病了，而且醫師宣布是末期。他沒有去路，只能來找她，但他不奢望她會照顧他，只希望她能帶他找家醫院走完人生。

女孩沒有多說什麼，開始打聽醫院，然後安排父親入院。

我見到她時，她神情疲累，因為工作與醫院兩頭忙，讓她很多天沒有休息了。我問她是否無奈，這麼多年來，父親消失無蹤，如今卻要她擔負照顧責任。她淺淺的笑，看得出是無奈，卻沒有怨恨。她說：「畢竟，爸爸就只有一個，再怎麼說，也希望他沒有痛苦的過完人生。」

她不是那種勉為其難的把父親安置好就了事的人，在工作之餘她就會出現在醫院。我感到不可思議，問她如何平衡過去不被父親照顧的辛酸與憂傷感受？

她說，過去的辛苦都過去了，現在只想將父親照顧好，因為他時日不多了，她不希望在未來，想起這段經驗時會後悔，所以她選擇現在能做多少就做多少。她並非能力很好，畢竟她年紀尚輕，工作剛起步，也沒有什麼親戚幫忙，所幸住院有健保給付，她只需負擔部分費用。

我對她說：「或許經濟還可以應付過去，但不容易的，是這一份心，雖然妳不說，但我可以知道妳仍在乎他、愛他。」

她又說了一次：「爸爸只有一個。」

我猜想，在她艱難的成長歲月中，她已經學會了不再記住她缺乏了什麼，也不牢記她如何的辛苦撐著過日子，取而代之的是接受這樣的人生處境，然後做到自己所能做的。但我想，不只是這樣而已，她所以選擇不追究過往自己所遭受的委屈與不平，是源自於一份被收藏在內心深處的愛。那份愛，歷經長期的失落之後，被收得很深、很沉，如此才不會一直冒上心頭提醒她，那份愛的對象不知身在何方。然而，那份被放置很深很沉的愛，還是讓她不忍就此放下父親。

我和她相同的年紀，有著相似的父親與相近的家庭模樣；一個不願意背負家庭責任，長期在孩子生命中缺席的那種父親，和一個破碎的家庭，必須仰賴其他親戚的接濟才能倖存的生命處境。不同的是，我的父親已經過世十多年了，我看不到他老的模樣，也沒有機會等到他生命到末了時，回到我身邊，讓我在他身邊照顧他，重拾我女兒的身分。「女兒」，對我來說，已是徹底失去的身分與關係。

我總是陪在女孩旁邊，靜靜的看著她幫父親拍背，餵父親進食，簡單的和父親說幾句。那是我不再有機會做的事，我也無從得知，若父親的生命還在，我會如何照顧他，會和他說些什麼話，會如何陪他和這世界告別。

我陪著女孩時，像是給她力量與支持，但其實我知道，是她在溫暖我的心。我見她以愛回應父親的回返，我相信那愛是與痛苦相隨的，但她仍承擔了下來。她臉上的疲累，讓人不忍。我曾告訴她，累了就讓自己先休息，父親在病房會有人照顧，可以放心。她回答我，大家為他們做的夠多了。

我又多了一個發現，她是一個會感謝他人的女孩。

我沒有告訴女孩，我有和她很相近的命運，有著很相似的父親和破碎的家庭。我自己對於這樣的命運安排還有許多未解的謎題，痛苦的感受仍有意無意的侵擾我，貿然的分享我想並不適當。但我知道一件事，女孩為父親所做的並不是一件容易的事，那不只是責任或義務可以解釋的，而是一份寬容與接納，不抗議生命，也不否定生命。

我相信，我見到的是愛的面貌。即使，愛不是在一個完整像樣的家庭中出現，愛也不是存在於一段幸福美滿的家庭關係中，但愛，依然可以存在。而且，更顯溫柔與感動人。

或許，在不完美的人世中，愛才能深刻的被感受到。因為這世界有痛苦、失落、憂傷與破碎，愛才會存在，引領著我們修復、饒恕、補全與療癒。

當我越來越明白愛的出現不是一個固定的面貌時，我才慢慢的體會愛以各種姿態存在於人的心中，存在於我們的世界。

由於我的父母親過早消失在我生命中，我的祖父母也很早就離開人世，我沒有太多一般人的家庭生活經驗，許多家庭中該有的關係，在很早以前，就結束了。所以，我不是那麼懂得家人關係的牽扯，也不是那麼理解家庭中每個人的愛恨情仇。

這份缺乏與空白，經由陪伴許多病人與家屬回顧他們的悲歡歲月，敘說著他們各式各樣的家庭關係，我慢慢的從中體會。我當然也清楚的看見，許多人心中都期盼著被愛、被肯定，也以自己的方式愛著對方，卻怎麼也無法讓彼此靠近，無法真的讓愛在彼此間流動。甚至，以仇視及報復來讓對方知道自己受傷後的痛苦。

我確實看見許多人的彼此折磨，因為他們對愛的期待落空。即使，他們可能有符合標準的家庭模樣，有父親、母親、孩子，但在這家中的每個人卻都感受不到愛，只剩冷漠與怨懟，或是麻木與疏離。

原來，有家不必然有愛。這是我以前從不知道的事。我以為，我沒有一個屬於自己的家，使我缺乏了愛，並常常懷疑自己不值得擁有愛。但當我看見許多家庭缺乏愛，我才發現愛是這麼稀薄，在我們的社會中。我們對愛的感受，是這麼的陌生。

但或許不是愛不存在，而是我們讓理性、責任與壓力阻隔了對愛的感受與愛的表達。在關係裡不停的說道理、爭道理，又不斷的消耗在家事照顧的責任中，使得我們的生活中，只有做得對不對、好不好的要求與規範，卻絲毫感受不到心與心的靠近，也感受不到對彼此的在乎與關心。慢慢的，我們無法從關係中真實的獲得渴望的愛與親密。

真姐在末期住院的那段日子，常常哭著說自己不是一位好媽媽，因為她不能照顧家中的兩個小孩，又因為她的疾病，剛考上大學的大女兒必須休學，到醫院全天候照顧她。她知道大女兒很無奈，當別人都快樂的開始大一新生活時，大女兒已經必須承擔沉重的照顧壓力。

母女兩人因為這殘忍的安排，各自背負心理的負擔。母親也想讓女兒不要陪在身邊承擔照顧的壓力，但面對死亡的心理壓力，讓她無法放開女兒的手，她不敢想像一個人面對死亡會是什麼樣的感受。

但是，大女兒一日復一日在醫院照顧母親，必須面對母親時好時壞的身體狀況與心理狀態，笑容漸漸消失，有時候自己也躲在病房的角落哭起來。

這時候，愛好像蕩然無存。

她們都不敢碰觸自己內心最脆弱的地方；害怕自己會是那不被愛、不被在乎的人。

當我們必須撐好自己的理性，以免被內心的脆弱擊垮時，我們也無法將愛給出去了。

真姐的脆弱終於還是撐破了防衛線；流露出害怕與擔憂的情感時，我聽見她說了好幾句「對不起」。她的「對不起」是想對大女兒說的話。但是她的大女兒此刻並不在身旁。

我問她，是否願意直接對女兒表達。她說，不知道該怎麼說出口。我提議：「寫信吧！」

她無奈的看著自己因癌細胞轉移淋巴而腫脹成兩倍粗的右手臂，這右手臂幾乎無法再使力，也握不了筆了。

「妳說，我代筆。」我又說。

她突然眼神充滿了一些希望，告訴我，大女兒的生日快到了，她答應要讓女兒休息，讓女兒和朋友去慶生，她很難過自己不能親自幫她辦生日會，但她會訂一個蛋糕送給女兒，或許這封信也能一起交給她。

我點點頭，心裡很感動，一個生病躺臥在床的母親，仍堅持將母親的責任做好，同時，期望著自己的愛可以讓女兒收到。

於是，我們合力完成了這最後給女兒的信。信中，是一位母親的抱歉和感謝。抱歉於女兒必須犧牲自己的時間與求學機會，也感謝了女兒忍受了她起伏不定的情緒壓力，默默在一旁給她力量。但這不是最讓我動容的。而是，真姐對著我說最後要向女兒說的話：「妳要記得，媽媽很愛妳，不要忘了。我以後不在妳身旁，但我會永遠愛妳。」

我是一個從小沒有母親陪伴長大的孩子，我不是這麼熟悉母愛，卻在這一刻，我深刻的感受到一位母親對孩子的愛。

在我成年之後，不知道多少次，我幻想著「媽媽」突然出現，我們重逢的畫面。

我想像過，那種兩人抱頭痛哭的場面，想像著「媽媽」會流著淚對我說她一直很想念我與愛我，說她對不起我之類的話。但念頭一轉，我會想像「媽媽」出現，告訴我她過得很慘，沒有家人、沒有人理，孑然一身，走投無路，然後想起有我這個女兒，要我接濟她；而我必須面對親情與良心的壓力，沒有選擇的，接受必須照顧她的事實。

我也不只這樣想像，因為臨終病房的工作，我常要協助病人尋找失聯已久的親人，讓未完成的愛恨情仇糾葛有個結束，我不免也想像起自己哪一天會變成其他醫院社工師尋找的對象，因為我的「媽媽」罹患重病，想在生命最後一刻前，和她失聯已久的女兒重逢，完成我們一直虛空的母女關係。

但事實和想像總是出入很大。我和「媽媽」的重逢劇情並不是這樣演出的。一直到她過世，她都沒有找我；一直到她過世，我都沒有和她見面說過任何一句話。好像她的存在，只是為了把我的生命帶到這世界上，然後她就消失在我的生命中。從此沒有瓜葛。

我曾想，若我的生命裡真的有了父母親陪伴長大，也許生命會完全不同。很難想像，若他們都在我生活中，我究竟會長成什麼樣的人？

我對他們是這麼陌生，特別是媽媽，我甚至想思念她，腦海裡也沒有半點影像，只有巨大的空洞感覺。我從來沒有怨恨過我的母親，因為我的父親給了我無條件的愛。但這空洞，還是讓我不得不疑惑，母親是否曾經愛過我？

我想起了十歲那年，唯一有關母親的記憶。父親為了拿回一直放在母親那邊的我的出生證明而帶我去母親的故鄉找過母親。那時，她已嫁作他人婦，有了她和他的小孩們。父親將我留在母親家待了一個星期，那是我僅有的和母親相處的記憶。

相處的過程，大部分的記憶已經遺忘，卻深深記得在我要離開回家鄉的前一晚，母親遞給我一張結婚照，是張獨照，新娘子的她含情脈脈地低下頭，滿臉幸福的模樣。

媽媽臉上沒有明顯情緒的說：「妳把照片留著吧！」

因著從小需要敏感觀察別人臉色以生存下來，我當下敏感到母親短短的話語有另一番意涵，我似乎懂得母親要跟我講什麼，我心裡意會到母親說不出口的是：「我已經結婚了，不可能再留在妳身邊了！」

當時的我，心情不由得沉重，同時哀傷，看著那張母親親自交給我的結婚照，我在心中悄悄地跟母親說：「妳可以幸福就好，我可以沒有媽媽！但請妳要幸福。」在那刻，我在心裡永恆地告別我的母親！

或許，對外人而言，不能明白有什麼原因可以使母女血緣分割，又有什麼原因可以不和母親聯繫，但對我而言，那是我僅能給我母親最大的祝福與回報，謝謝她給予我生命，將我帶到這世上，我不冀求她應該如何的對我付出，或是該如何平等的愛她所有的小孩。

十歲和母親相見的那年，我已清楚的看見母親其實也是一個女人，有她的渴望，有她的追求，有她的缺乏與不足。母親當然想好好守護她後來的家庭，我願意成全。

再回頭看，我相信，那是我愛母親的一種方式。也是我今生，唯一能回報她將我的生命帶來這世上的感謝。無論如何，她仍在生下我的過程中，歷經了分娩的疼痛，並且，嘗到二十歲初為人母的無助與驚嚇。不被我的祖母接受，也不能依靠我的父親的她，也想要過更好的生活。畢竟，她還是這麼年輕的女人。

我自己從女孩慢慢成熟為一個女人時，我開始聽得懂女人們的生命故事。我漸漸的理解當年的母親是如何的失望與受傷，在她與父親的關係中。生下我的她，真的不過是個年輕、無助與脆弱的女人。

當我感受到真姐對女兒的愛時，我願意相信我的母親也是愛我的。只是，有太多現實的無奈，與她的脆弱與無能為力，以致我們必須分離，甚至必須失去連結。

這或許也是愛的另一種面貌，讓我們在遺憾與無奈中，學會諒解與寬容，也學會成全。然後，接受自己確實無法得到某些愛。

在不完美的世界裡，我看見，我們都只是不完美的生命，與需要愛的孤單生命。我們都有屬於自己的無知與軟弱，我們都有自己的恐懼與無助，因為有了這樣的體會，又怎能真的忍心苛責得了誰呢！

愛開始深刻

成人後，我開始感受到我生命中有愛的流動，是源自於病人。這不尋常。病人對我的生命來說，應該是陌生人，卻是讓我最深刻感受到愛的人，也喚醒了我體會生命中所具有的愛。

他們的愛滋潤了我貧乏的心，他們的愛軟化了我剛硬的防護牆。

櫻姐曾經為我擦拭了我為她流的眼淚；英伯母曾經告訴我她會在心裡祝福著我；明大哥對我說謝謝，因我陪他走了最後一段路；阿銘充滿謝意的眼神讓我知道我們的心靈很靠近。

因為死亡關卡的逼近，人們回到生命最初的本質面對著彼此，而不是以在社會的面具與形象阻隔著彼此靠近。就因如此，他們很真誠的展現，讓我看見他們生命的原貌。有時候，因為被信任，被邀請進入他們的內心世界，我會感受到強烈的幸福與感激。他們不再像社會上大多數的人以條件、以身分、以成就高傲的決定他們要不要把你當一回事。這時候，人與人的接觸，好純淨，好美好。

那是我生命很難得體會到的接納，而不是被拒絕。我是在「被拒絕」中長大的小孩，生命的存在常要因為沒有一個家世背景，沒有有利的生存條件而「被拒絕」。在成長的歲月，也常處在「你不夠好」、「你不行」、「你不對」的社會環境中。這社會有太多人站在菁英優越者的位置，大刀闊斧的批判別人的生命一無是處，不值一提。

但在死亡面前，人與人變得好平等，任何的身分與條件都無法讓人免於一死；死亡，也讓世界終於公平了點，沒有人可以多帶一點什麼走。唯一能帶走的，只有你和這世界相會後的領悟。

所以，我感到榮幸，能身處在最接近生命大悟的地方，在那裡，看清楚世間事物早已含糊不清的真實價值，與關於生命最需要明白的，愛的各項功課。常常，我發現，在平常被視為理所當然，不足掛齒的照顧與付出，其實都是為愛承受，以愛完成。許多病人的一生，正是如此，為愛承擔，以愛完成。

張姨是一個很年輕時就失去丈夫的女性。丈夫突然暴斃離開人世時，兩個小孩不過是讀小學的年紀。之後的張姨，不容許自己過於軟弱悲傷，努力的支撐住家庭，用丈夫留下的一些積蓄，做了一些生意，生意有起色後，張姨會把一些錢借人周轉，賺取小額的利息。她，一個女人，靠著自己，努力在失去丈夫後，讓孩子不為生活的各種所需煩惱愁苦。

孩子都拉拔長大了，相繼成婚，各組小家庭。張姨的重擔終於算是告一段落了，也在此時，發現了肝癌末期。

張姨知道自己的病情不佳，但不曾把自己與死亡聯想在一起，她總想還是有機會，只要不放棄。而堅持下去，與不放棄努力，不就是她一直以來所依靠的信念嗎？若沒有這些力量，張姨如何在人生的逆境時，一關一關的渡過？

可是，這一次的難關，似乎沒有這麼容易渡過。張姨因為隔壁病床接連兩位病人過世，慌亂大哭，她不敢闔眼睡覺，她害怕，一旦闔眼，死神就會出現將她的魂魄帶走。我去見她時，她的眼睛正因為哭過而泛紅，神情也明顯沮喪與不安。

我坐到她身旁表達對她的關切，我回應看到她哭過的眼睛，與她憂慮的神情。我問：「妳在想些什麼呢？是不是這兩天隔壁床病人的離開，嚇壞了妳了？」

她眼淚再度落下，掩面哭了一會兒。然後，緩緩的說：「我真的好怕現在死，我現在還不能死，我還有好多話沒交代，好多事沒處理。」

我問：「是什麼話？什麼事呢？」

「我還有好多欠款沒收回，那些欠款都沒有借據，都是因為朋友的關係借出去的。如果那些欠款拿回來，可以讓孩子們的生活過得更好些。如果我來不及要回來，至少我要寫清楚，做些交代。可是，我現在身體真的不行了，我好怕下一個就是我了。」

「孩子呢？孩子可以聽妳的交代嗎？」

張姨搖搖頭：「我之前就想跟孩子說，也曾打電話給兒子，希望兒子撥個空來醫院一趟，我跟他說：『媽媽真的不行了，這一次的病恐怕出不了院了。』可是，兒子好像很不耐煩，回我說，我的病沒有那麼嚴重，不要想這麼多，這個病這麼嚴重都是我自己想出來的。」

我知道這是對疾病認知不一致的狀況，在臨床常會看見。我問：「需要我聯絡妳的孩子嗎？我來跟他說明妳的想法，與妳的疾病狀況。」

張姨搖搖頭：「他好忙的，而且我知道他來醫院有壓力，每次待一會兒，就想趕快離開。我後來都不太敢麻煩他來醫院一趟。」張姨轉頭，看了床頭櫃上的一張全身照。

我順著她的視線看過去，是一個穿著白色西裝禮服的年輕男性的全身照。我問了張姨，這個人是她兒子嗎？

張姨臉上揚起滿足的微笑說：「是，他是我兒子。他去年結婚了，這是他的結婚照。」

我覺得疑惑，問了她：「為何不是放兒子與媳婦的結婚合照，只放了兒子的獨照？」

張姨輕輕的說：「看著他的獨照，這樣我就可以感覺到他在我身旁陪著我。」

我的眼眶瞬間酸澀了起來，心裡覺得好心疼。我看見一個母親用了一種近乎卑微的姿態在給出她的母愛。她不願破壞孩子的生活，但無法抑制的是面對死亡的恐懼，與強烈的孤寂，使她用了一個稍微能獲得安慰的方式——放一張兒子的全身獨照，來想像孩子的陪伴。

我倒抽了一口氣，勉強平靜，回應了張姨：「我看見也聽見妳好愛妳的兒子，並且希望他能陪著妳。是什麼原因讓妳的兒子沒有辦法體會妳的感覺呢？」

張姨淺淺的苦笑，笑裡隱藏著一抹堅毅：「我不喜歡麻煩別人，很多事、很多難關我都自己克服。從生病以來，我自己求醫，自己接受治療，自己照顧自己，兒子他當然不會知道我其實有多嚴重，我也不想真的拖累他們。只是，現在，我全亂了，好怕我真的過不了了。」

我握著張姨的手，請張姨容許自己可以將需求告訴孩子，她確實需要他們。

張姨向我點點頭，回答我，她會試試看。

但是，她沒有得到這個機會。張姨在隔天，進入彌留狀態，失去了清楚的意識，孩子出現在她身邊，她卻已無法再說些什麼。在兩天後，張姨離開了這個世界。而我，在遺憾中流著淚，卻也祝福著張姨沒有恐懼的與這世界說再見。

這個以堅強作為支撐力量走完人生的母親，讓我想起了我的大姑姑。我從張姨的生命故事裡，開始學習回顧我與大姑姑的關係與我們生命的交會。

我的生命中很早就沒有母親的參與，她幾乎不存在。關於所有女性角色的學習經驗，早期是祖母，從十一歲祖母過世後，便是大姑姑了。

大姑姑在我的生命中，比母親重要太多了。雖然成人後我在生活上已不依賴她了，但心裡，我明白，她是我生命裡最安心的後盾。

當我突然遭遇必須離開家鄉，北上投靠大姑姑一家人時，大姑姑成為我轉移依附關係重要的對象。雖然心中清楚知道，她不是我的母親，但對幼小的我而言，她是我唯一可以信任的親人。

雖然我極需要這份關係與親情，但我並不相信我真的會被愛。我很難擺脫自己是個麻煩的討厭鬼的想法，並且，常常深刻覺得寄人籬下的感受很糟。

所以在她身邊成長的過程，我曾經努力的想要不需要她與不依賴她，也曾和她發生過相處上的摩擦與衝突，抗拒自己需要她與必須仰賴她的事實。但在我歷經一連串生命重大的挫敗後，我體會到真正不會消失的情感，是她所給的。

忘了在哪一年，當我無意間突然瞧見了她的白髮，意識到她生命正在老去，一種心情從心底冒出來，若這世上，沒有了姑姑，我也將沒有了來自同血緣的重要親人。那是一份生命深刻的連結，也是生存於這世界的一份重要情感。那一刻，我無法抑制的流淚，她不以為意的說：沒有什麼好哭的。我卻深深的明白，我很愛她，她是我的父親之外，我最不能割捨的親人。

我心中的她，一直很努力的想要讓她身邊的親人過得好。她其實，不忍心有人過得不好。她用她的方式付出她的生命與能力，雖然這不盡然是他人能接受與珍惜的，我還是看到她不倒下的韌性與毅力。某個層面，她有著祖母身上的堅毅與強韌。

我想，我身上也如此的流著相同的血液與性情。

我在這幾年，覺得好不容易漸漸能在大姑姑的家庭中找到安身的位置。我想是我內在的世界穩當了，從心裡接受了自己的生命的存在模樣，也接受了他們是我重要的家人與親人。即使，並不是最為濃厚的血緣關係，卻是我心中最重要的親人。

這是少女的我不懂的事。少女時期的我心裡的苦即使道給外人聽，多數人也聽不懂，因為我的生命經歷實在獨特。在十一歲那年開始住進大姑姑家後，我一直有種說不清楚的憂鬱與愁煩。

但當我遇見了張姨，卻彷彿看見了大姑姑，一種女性的堅毅與為家庭家人無求回報的付出，讓我看見她們如何背負自己的責任，與不問自己究竟在人生裡獲得了什麼的犧牲。

我聽過無數人說過，在他們的成長過程中，他們的父親或母親如何告訴他們：「若不是為了你，我不需要忍受這一切，以後你長大了，若不孝，我不會放過你。」或是「我現在為你付出，將來我老了，你應該回報我，按月拿錢給我。」親子關係因此變成了一種交換與為自己的未來獲得保障的手段。

但張姨不是如此，大姑姑也不是如此。大姑姑總在她的孩子的需要中，看見她的責任與她所能給的部分。她難免憂心，擔心有一天她再也給不了了。她對於自己不能給，是有一份焦慮在的。

即使如此，她仍然極力的用自己的方式為家人付出，極力的保護家人。而我，從小到大接受她養育的過程，也使她背負很重的經濟負擔，但她還是成全我求學的渴望。她沒有一刻告訴我，我在她的家中消耗了多少金錢，而向我求償。還總是問我生活是否遇到了困難，有沒有需要什麼。

大姑姑影響了我許多做人做事的道理，例如不要侵佔別人的東西，也不要佔人便宜，對人要寬待，也要試圖帶給別人溫暖。她當然也如一般的母親一樣，有她的個人性格與她對家庭關係的憂心與見解，她並非完美，卻是活得很真實的一個母親。我見她老年轉化最多。她很喜歡求知，也嘗試調整自己的思想跟上時代的潮流。她會告訴我，她這一生所過的生活她很滿足，也常告訴我，要過自己喜歡的生活，好好的把人生過完，過好。

我希望在她還在我生命中的日子裡，不吝於向她表達我很愛她。即使那樣的愛不是提供她無時無刻的關注，也不是隨時陪伴在側。但在心裡，她的位置是超越我的母親，也不同於其他關係的。因為這一份愛，所以我們可以很親近。這一份愛裡，沒有懼怕、沒有討好、沒有衝突，是和諧的關係。而我最怕的事，是我沒有讓她好好知道，我很愛她與在乎她。

因為深刻的體會到大姑姑對我的愛，讓我願意相信自己並不全然的缺乏。雖然，在我的成長歲月中，沒有自己的父母、沒有自己的家庭，仍然是我心中永遠存在的缺憾，但我亦看見我並非大姑姑親生，她卻扛起了照顧我的責任與壓力，這個決定中，絕對有不簡單的承擔力，與深厚的愛。

當我看見了張姨的生命如何為著她的兒女付出，我開始能夠體會大姑姑的生命那些不容易的付出。也開始懂了感謝；感謝她那一份不遺棄我的決定與承擔。

謝謝您，姑姑，讓我在失去自己的父母之後，還有一個親人守護著我。這是父親以外，我所收到最深刻的親人之愛。

學習以心接觸生命

我的人生意外從美工設計生涯轉換到學習社工專業的路後，我漸漸的透過專業實習機會和一些人建立了所謂的助人關係。正式成為社工師後，我直接間接的開始累積助人經驗。但直到進入臨終病房工作，我才意會到，其實我的助人工作裡沒有愛，只有知識理論、技術，和許多的績效要求。專業知識理論加身，使我或多或少染上了專業者的自我膨脹，在助人者與求助者的關係上，或多或少站在自己專業本位，對他人形成一些偏頗的批判與評價，而不自知。

直到進入臨終病房與末期病人相遇，我的助人理念與態度才有了很大的改變與重建。特別是，同理心的能力有了很大的啟發與淬煉。

我在初期的臨床工作中，有時一不小心就落入醫療模式的解決問題導向，努力維持正確的基本程序，好讓自己在評鑑的規範中與醫療文化中不出錯。然後，也常帶著其他醫療人士的期待與先入為主的觀點進入病房，為他們解決問題，卻不是與病人與家屬同在，一同面對他們的處境與尊重他們對生命的態度。

但是，在一次一次磨練中，我發現了這種與人工作的模式是錯誤的，某個角度來說，那充滿權威與傲慢的強勢姿態（引用了陳葆琳醫師在《最後期末考》所指出的醫療文化現象），並不是真的尊重生命本身所長成的樣子，也並未真的認識了與看見了生命全貌，因此，並不能靠近病人的心，也觸摸不了家屬的情感。

如果，失去了心，也沒有了情感，還可稱為「陪伴」與「關懷」嗎？

好多病人曾告訴過我，許多人都把話說得好容易，總是站在好遠的距離之外說：有這麼痛嗎？不能忍耐嗎？

有人自顧自說著：做人要想開一點，既然遇到了，就要放下。

也有人指責他們因為此生做錯了太多事，生病就是一個教訓。

病人告訴我，他們也不願意麻煩人，生病讓他們的尊嚴被踐踏，讓他們感覺自己只剩下「疾病」與「器官」。

他們活在社會的邊界，那被社會漠視與被迫消音的心情，我竟發現我聽得懂。我的心裡不由得泛起一股熟悉的憂傷，或許我的身體沒病痛，但心靈上覺得自己已走到絕境的心情卻曾經有過，在我十九歲時。長期處在非主流價值生活中的我，帶有許多缺乏與不足，很難憑藉自己的力氣讓別人肯定我的生命存在是美好的。直到十九歲那年，我遇見了美麗的初戀。我以為那是我生命的翻轉，也以為我終於證實自己是可以被愛的，也以為這愛不同於我父母親的愛，將永不失落。

對於生命長期缺乏愛的我來說，對於一直無法從生命經驗中獲得自尊的我而言，很快的就陷進這段感情，天真的以為遇到一個願意愛我一輩子的人，因此奮不顧身的愛戀著他。那份愛太濃太烈，因為害怕失去，反而越用力的愛，總想要得到一再保證，保證他的愛永恆不變。或許將這段關係握得太緊，沒有太久，不到半年，對方已經明顯疲乏與冷淡，開始漸行漸遠。而我也發現他與另一個女孩談話時，是這麼的愉快，這麼歡樂，而對我似乎只剩下無言無語。

在我強烈的詢問下，對方承認和我走不下去了。我無以挽回的必須面對分手的事實。之後，我痛不欲生，強烈的失落讓我的生命搖搖欲墜。在失去父親的愛之後，我失去了一個我認為最愛的男人的愛。我強烈的求死，以解脫長期以來生命中的疲累與無助。

當時正做櫥窗設計師的我，預計將會以美工刀割腕，流血痛苦而死。我想要抗議，抗議愛情的殘酷，抗議愛情的短暫，抗議愛情的虛幻。

正當我準備好這麼做時，打算告別這世界時，我竟感受到神對我說話。那刻，我看到烏雲密佈的天空，突然開出一個洞，灑落下耀眼的光芒，似乎有個聲音在那刻響起：「孩子，妳的人生雖然暫時看起來都是厚重烏雲，但烏雲不是永恆常在的，有一天它們會散去，真正常在的是烏雲上的光。妳的生命是我所創造與喜愛的，妳將有新的生命，從這一刻起，妳將不同。」

我憑著這一個聲音，活了下來，並且告訴自己，我的生命已死過一次了，在我想要徹底放棄自己的時候，在我感受到被這世界拒絕與遺棄的時候，我就已死了，徹底的死了。神明白我的灰心與挫敗，接納了我受傷的靈魂，再次給我一個新的生命。

從那刻開始，我下定決心，除非神拿走我的生命，不然我這生命就不再浪費，我希望自己專心的接受生命要我歷經的事，並將生命貢獻人群。就因為這樣的歷程，我後來決定投考神學院，準備奉獻生命做一位傳道人，但意外在神學院學習過程接觸了「社會工作」專業，繼而成為一位醫療社工師。生命因此從美工設計師轉彎走向另一個方向——社會工作師。但其實，是開啟了一段尋找自我、療癒心靈的旅程。

回想起這段生命猶如走到盡頭的經歷，讓我可以聽懂那孤單與被這世界拒絕的心靈。也懂那種覺得被這世界遺棄的哀傷；那種深層的哀傷是，很難相信當自己的生命不具有獲得世俗所強調的名利地位時，也無法具有主流社會肯定的價值時，生命仍是被愛的。

我們的潛意識或許都對生命的虛空感到害怕，都對被遺棄感到無助與悲痛。

瓊姐住進醫院時，整體的狀況很糟。那糟不僅是身體疾病的惡化速度，還有，解決疼痛的品質也屢遭困難。但更讓人於心不忍的是，在她住院期間，她的丈夫對她承認自己有外遇的事實。並且，對她說：「妳應該為我高興，在妳死後，還有人會照顧我。」

自那一天後，絕望的味道，散佈在整個病房空間裡。

房間的窗簾被緊緊的拉上，沒有一點兒光能透進來。黑漆漆的四方空間，瀰漫著傷口惡爛的氣味。但那不是最嚇人的味道，最駭人的是，死寂的味道。除了眼淚，你不知道還有什麼可以撫慰。

我走進房間。看見瓊姐靜靜的半躺在床邊的沙發椅上，眼睛閉著。

再走近一看，看見她臉上流著無聲的淚水。

我坐在她身旁，輕輕的握著她的手。她沒有因此張開眼睛，眼淚仍無聲的流著。

我輕輕的說：「哭吧！好好的哭。妳有好多的傷心，有好多的痛苦，是該好好的哭。」

我的手，可以感受到她用力的握著。她因流淚而微微顫抖的身體，讓我感受到她的傷痛。我的淚，也悄悄的滑落。

這深沉的痛，是用任何言語都無法安慰的。唯一能做的，只有不撇開她離去，不獨留她一個人；即使這樣的陪伴，並不能驅趕任何的痛苦。

但我就在那裡，靜靜的陪著。以我最大的真心，靜靜的陪著與停在那裡。

這種與生命深刻同在的經驗，讓我漸漸變革了我的助人理念。關於專業角色與對「助人工作」的理解，我產生了很大的疑惑與懷疑，我真的有資格為人解決「生命」的問題嗎？我真的有資格評論別人的生命，然後自顧自的認定什麼是為對方好的選擇與行動嗎？我真的能為別人的生命負起責任，自以為是的負擔起「整修生命」的推手嗎？

即使，很多人是這樣期待我，我也不認為自己該在那樣的位置，與成為那樣的角色。醫療權威文化的傲慢之心與傲慢之眼，讓我渾身不對勁，卻說不清楚哪裡怪異，我只知道我像個異類，在醫療的環境裡。當然，無法認同與妥協的情況下，難免要被權威者指責與批評，說我沒有功能，竟然不會解決團隊認定的問題，要這樣的一個社工師做什麼。

即便評價不佳，和社會所塑造的助人文化有很大的落差，我還是決定要重新學習與病人、家屬建立關係的方法，也讓自己從頭學習如何陪伴人，如何深度同理，以及如何與人真實的接觸，而不是以角色與面具互動。

我不想帶著解決問題的目標和人接觸。那樣子，人不再是人，而是一個一個問題組合而成的機械體，哪裡無法運作就整治哪裡。而人的過去歷史，曾有過的遭遇與經驗，更是不值得關注與理解的。就因為如此，人變得片段、零散，不再有過去，也不知道如何的走到現在。唯一存在的，只剩需要被矯正的「問題」。

雖然在當時我並不知道「整合」的概念，但我試著做的，是以一個整體的觀點看見一個生命的存在，有呼吸、有情感、有感覺、有想法、有渴望、有期盼、有需求。人是這些部分的總和，甚至大於這些部分，因為人還有靈性，能連結比自己更大的意念的能力，不僅有創造力，還能主動的探尋與建構生命經驗的意義。

我放棄了被大腦理智所主宰的助人方式，打開了自己的感覺與心，將自己融入臨終場境的氛圍中，與病人、家屬「同在」。我們在同一個空間與時間裡，沒有一條清楚的線劃分著誰是助人者、誰是受助者。我們之所以在此時此刻同在，是因為我們的「同命性」，我們是同類，在相同的人生旅程中，不論是誰，都會遇到相同的時刻、經驗與遭逢，不論是死亡、分離，或是失喪。而我所給的陪伴，是來自於另一個同類的感同身受，與一份關愛之心。這樣的關愛，並不是因為我較優越，或較成功，或較有能力，僅僅是因為，我是「人」，一個「同類」。

身為一個「同類」，我怎能完全的隔離掉我的情感冷眼旁觀？我怎能不想像如果有一天，躺在病床上的人是我，是否有一樣的悲辛、一樣的心酸、一樣的不捨與苦痛？他不一定只是他，他可能換個時空點，就是我。

這樣的體會也加速了我不斷回看自己生命的處境與歷史，沒有一個精準的時間點可以做分界，但我似乎慢慢的有勇氣與力量回看我本來以為不值一看，醜陋無比的早年生命與我的原生家庭。究竟是如何生出這份力量看進黑暗陰影之處，我不得而知。但或許是因為漸漸不感到被世界遺棄的孤單與憤怒後，我漸漸可以接納這些不堪回首的部分是真實存在。而可以往內看的力量，某一部分，也來自於我打開了視野，真實的看見其他人的生命樣貌。當我看見這世界上其實有這麼多孤單的靈魂、悲傷的靈魂與憤怒的靈魂，我知道，我不是唯一受苦的人。

當我為其他的靈魂感到哀傷與心疼時，我也能夠為過去那受了傷，非常恐懼與不安的自己感到哀傷與心疼了。

我或許還不懂什麼是療癒，也無法立即明白回看過去對我的意義是什麼，但即使五味雜陳，我仍不試圖迴避與逃離。這是生命要給我的禮物，這信念我一直深信不疑。在我還無法完全看見這禮物是什麼之前，我選擇了——領受，然後給予自己時間，體會。

與生命重新連結

在病房，我特別被磨練了「深度同理」的能力。我的同理心能力在這段磨練時期，像是被打通任督二脈，不再以制式的同理心訓練所教的方法，而改以「把自己丟進去」為途徑；丟在情境中，丟在沉默中，丟在時空中，丟在我和你之中。然後，以愛去承受這一份苦痛的存在。

病人所承受的苦已是一種超越語言的苦，語言或許能幫助他們表達，卻也無法全然的將那苦的經驗顯示出來，在這樣的時刻，只能感受。而感受是很細微的，每一吋肌膚、每一次呼吸、每一舉一動，都可能與這痛這苦接觸。承擔著大量痛苦的人，有時反而沉默，大部分的力氣承受住痛苦，說話就顯得多餘，太耗力氣。所以許多的病人在一種無語問蒼天的沉默中，或是只能默默流淚，卻一句話也說不出了。

那樣的痛苦很沉重沉悶，很容易讓人逃跑迴避。於是，病人更顯孤單，因為在他的苦痛世界中，或許連半個同類人的身影都瞧不見。因為對大部分的人而言，生活思維仍是如何解決問題，如何掌控生活，然而，對於臨終病人，或者罹患重大疾病的病人來說，生命早已超越以理智解決問題或控制問題的層面，因為所受的痛苦早已超越理智能掌控的範圍，無法繼續以理智抑制住巨大痛苦的感覺產生。他們是以生命的姿態在經驗生病的歷程，而不是以理智在思考生病這回事。

許多人用理智面對他人，卻沒有用情感理解他人，為什麼呢？因為對大部分的人來說，情緒感受是陌生的，他們不了解自己的，弄不懂自己的，也就難以理解別人的。如果不知道自己的鞋長什麼樣子，又怎可能知道別人的鞋長什麼樣子，而穿著他人的鞋走一段呢？（同理心的隱喻說法，穿著別人的鞋走一段。）

不願意信任感受的人，他們只認識理智，拒絕碰觸情感，也就絲毫感受不到愛為何。無法有愛的人，是無法承受苦痛的。因為愛是力量，是包容，是撫慰，也是療癒。有了這樣的力量，同理心才能誕生，才能美麗。

當我學習承接別人的生命故事，參與別人所說的生命故事時，我才開始懂得將人視為生命歷程中的主體，並且以完整歷程與全人觀點來理解人的生命處境與所思所想所感受。

但最重要的是，以慈悲與愛為基礎。你真的愛生命，關心生命，你才可能去愛人們所遇到的苦難處境與他們所煩憂的問題。

而我所看見的也不再是那些被指稱的問題，而是人如何從歷史走來，在生命歷史中，人如何回應生命的難題，又如何接受塑形成了如今的模樣，他為了何事何物何人感到痛苦與喜悅，又為何感到憂鬱與歡喜？這一切都有形成的脈絡與特別的關鍵時刻。重要的是，如何透過愛的眼光，看見生命經驗痛苦時，仍在發光、發揮力量。

要能將生命從痛苦經驗帶進溫柔經驗，必須有更寬廣的心與更深化的愛。當你願意以愛連結生命時，這一切才可能發生。

在我找到一個途徑可以懂人，並且深刻的與人連結之後，我也開始重新與自己連結，重新接納與理解自己。

我看見了好長的歲月，我無法和人分享自己。我沒有母親、父親，也沒有什麼親密的手足。我沒有辦法像同學一樣常常提到我媽媽說、我爸爸說。因為無家庭話題可說，越久就越不會分享自己。「異類」是我常常感受到的自己。因此，我長期的忽略自己，長期的貶低自己。

長大後，狀況越來越令我困窘。當看著別人的父親母親為著孩子出頭出聲搶著一份工作位置時，當看見有人的父親母親家世顯赫、人脈資源豐富，孩子也跟著受到尊重時，我的生命就常落得「微不足道」，不值一提。

感受到自己生命的「弱勢」有二十幾年的歲月。這種弱勢的感覺挺令人難受的。每當要寫自傳履歷，或說自己的家庭時，只能寫幾句或說幾句。而每當別人知道我坎坷多舛的命運時，臉上總會寫著「喔！真可憐不幸」的神情，然後帶著狐疑的眼光問：「那妳自我的情緒處理怎樣？」似乎擔心我的乖張命運會造成我乖張性情。因為不想面對這種表情，就更無法說自己的生命故事了。

無法說自己生命的故事是一件很糟的事，當中有些思維是這樣的：「我的生命微不足道」、「我的生命真是無趣」、「我的生命沒有什麼好讓人驚嘆的」。這種認為自己生命只有不幸、糟糕、可憐，與充滿問題的狀態，很容易侵蝕一個人對自己生命的喜愛度。

在我的內心，很小的時候，我就已經覺得生命無趣無味了。只是，好像一直有一股什麼樣的能量維持我的生命繼續往前走。想想，或許是一股「不認輸」的能量吧！

這份「不認輸」的能量，在求學階段曾經還得到師長一句「好強」的評語，讓我介意了很久。沒有人跟我解釋「好強」是什麼意思，但我直覺是不好的評語，好似是一個人死要面子，即使做不到，也要爭個第一。我對「好強」的這番解釋，讓我一方面不喜歡給人這樣感覺的自己，一方面討厭老師從來不關心人，只喜歡給人評語。

慢慢長大後，終於看見自己的「好強」，看見自己多麼不願意就這樣「認命」了。從小到大常看見別人搖著頭，說著我會沒有出息的預言：「妳什麼都不會、什麼都沒有，以後糟糕了」、「妳就是天生命不好」、「妳的生命是錯誤」、「妳在台灣沒有發展了」、「妳是一個不能成器的人」……預言都是身邊人給的，親近的人、朋友與師長，甚至不相干的人，這些人強大的主流價值訊息一度讓我以為我的生命真的沒有存在的空間，也沒有什麼可能性。我似乎是顆被播撒在貧瘠土地，嚴重缺乏養分的生命種子，然後被路人搖著頭說：「這注定長不好的。」

「不認輸」的能量似乎是在這樣的背景下蓬勃生長，成為我奮力為自己拓展生命空間的動力。我總是這樣想：「你們要看扁我，我可不這樣看自己」、「你們想評價我生存的權利，我可不給」、「你們說我不行，我不相信我真的如此」。

過去，當我讀私立學校技職科目時，別人取笑說我讀的是一間流氓學校，似乎連帶著也說我是很差勁的人時，我還是很專心學習我的美術工藝，盡情鑽研我所熱愛的興趣。畢業時意外的拿到董事長獎，被大大的肯定了才能，那是我第一次體會到「相信自己」的力量是什麼。

後來，別人說我讀那麼一間爛學校，要升學是不可能了，一生都只能做基層的操作工作。當年的我，並非為著別人這番話想升學，反而是因為生命的痛苦而想再讀書。我想尋找生命的答案，我想知道生命苦難的意義，於是我選擇了就讀神學院解救我的痛與苦，在因緣際會下念了社會工作專業學科。

在神學院學習的過程裡，照樣有人喜歡預言：「妳讀非主流大學的社工系，根本不可能在台灣有作為，妳根本就比輸。」「妳念的是教育部不承認的大學，妳以為能在台灣做什麼？」「妳不是正統學校畢業的，懂社會工作嗎？」

這時，我才發現，我的「不認輸」並非是本性真的「不認輸」，而是為了因應社會的「愛比較與愛評斷」的文化而長出。若社會不是這樣「愛比較與愛評斷」，我會需要發展「不認輸」嗎？在社會文化尚未有改變之前，我也繼續著我的「不認輸」。

這一路上，我走得跌跌撞撞，過程曲曲折折，走走停停，絕非一帆風順，總會遇到灰心喪志的時候。但「不認輸」幫助我撐下去。它像個保命丸，當我覺得快要失去生命空間時、快要被主流聲音矮化時、快要被唯一的價值觀宰割時，我的「不認輸」就出現，保住我的命，讓我相信還有其他的可能性。

但矛盾的是，我一直不喜歡「不認輸」的動力。我其實不喜歡這樣的自己，為著反駁推翻別人的評價，我把自己逼得很緊，也像不得已的拚命爬著競爭的階梯，讓自己不停歇的往上爬，只為了證明自己的存在「有理」。在我不斷的回溯過往的生命足跡，不斷的學習敘說自己的生命故事，我才漸漸看見了「不認輸」如何的幫助我在遇到層層難關時，咬著牙撐過。也因此，我才慢慢懂得欣賞「不認輸」的特質，允許它的存在、允許它在我生命中是有意義的。

慢慢的，不斷的看見過去自己的生存之道，我對「不認輸」的特質有許多的感激；我感激它陪伴我從小到大的生命，激勵我活著，也激勵我往前走。若沒有它，我的生命也將失去能量與動力。「不認輸」在某些重要時刻，的確激發我發揮自己的潛能。

可是，我也知道了一件事，就是我是可以自由運用它的，我可以重新選擇我是否一定得「不認輸」才行。過去的不認輸似乎有著不得不的意味，甚至有被環境逼迫的無奈感。但現在的我已成人，有能力決定自己要如何展現自己的生命樣態，也有能力為自己的選擇負責，當然我也能選擇我要繼續「不認輸」依著別人的眼光與標準走，或者「隨著心」走一條我自己覺得自在且安然的路。

當我進入許多人生命最苦痛之處後，我不再以表面行為來判斷人或評價事物，我開始關心人的心靈世界，那是一個往內看、往深處看的歷程。

我漸漸在過程中理解一些事：我們無法永遠符合別人的標準，我們的生命也無法總是隨著別人的評價與眼光走。事實上，我們也不需要過這樣的日子。即使有人將你的生命價值視為烏有、要批評你的一無是處、微不足道，我們不需認同這些看法等同於自己生命的價值，那只是顯現他的內在性情、內在世界與他外放出來的眼光罷了，並非真的相關於你、等同於你。若有人存心要傷害你，為了這樣的人忙個半死、累得要命，拚命「不認輸」，並不能真的為自己爭回一口氣。當不斷追逐別人的肯定與讚美時，那是一種生命的瞎忙，與消耗的狀態，最終，會讓你失去與自己的連結，甚至失落了自己。

所以，不需再為著他人隨意一個評語亂了手腳，以為自己得要走到什麼地步，才能把過去失去的尊嚴找回來。能從自重做起，成為真實的自己，連結自己的心，人才能過著不分裂的生活，才能感受到來自內心的穩定且真實的力量、信心與愛。

你會知道，無論處境是什麼，你都能安在。

意識傷痛的存在

什麼原因讓人的心無法對自己也無法對他人柔軟了？什麼過往讓人只徒留了傷心和悲嘆？什麼經歷讓人在曲終人散時刻仍無法擁抱自己，無法以祝福告別這世界？

我時常在臨終病房發出這樣的疑惑。不只是對於即將告別這世界的人們，也為著繼續活在這世界的人們發出這樣的感嘆。

我想，我著實的看見人生的本質是痛苦，只是痛苦的面向不一樣。人生的本質裡有超越，超越痛苦、超越束縛，超越環境的限制。人生的本質還有朝向淨化、療癒與完整的路程邁進。

人生，是佈滿許多傷痕的。無人例外。

當我越體認到人們心靈遭受了許多傷，卻沒有足夠的機會撫慰這些傷，甚至，忽略自己、錯待自己，將自己切割得不成人形直到離去的那一刻，我意識到我必須離開臨終病房的工作，往更大的世界走去。臨終是人生命的最後階段，以愛陪伴臨終者是絕對重要的事，但走到臨終時刻，許多人的心靈缺憾與生命長久累積的傷痛已沒有足夠的時間可以療癒、可以重拾破碎的自己，再加上死亡的催逼，人們在死亡面前亂了方寸，慌亂不已，是無法來得及為此生畫下完好的句點。也許連生命想要有什麼樣的句點，都來不及做點什麼。

我不免開始想著自己的生命想要什麼樣的句點。我當然明白，生命會以何種方式離世，會在什麼時間點是我無法掌握的，但我可以掌握的是生命的質地。我想成為一個什麼樣的生命，想要過著什麼樣的生活，是我可以掌握的。

我清清楚楚的知道，我想要無憾、完整、療癒的生命，即便有傷痕也沒關係。傷痕是某些經歷的記號，這些記號可以存在，但我不再為此痛不欲生，也不再受痛苦折磨，反而可以軟化痛苦、以愛撫癒痛苦，並從痛苦中滋生出許多力量。

我不想在死亡時刻，以怨嘆與失敗評斷自己，也不想在死亡時刻，發現自己的生命有許多的來不及與悔恨，更不想失去了和所愛的人的連結，也不想徹底的與愛隔絕。

在死亡邊境所體會到的生命領悟，讓我明白如果這份領悟無法實踐於我的生命，無法讓我走向一條讓自己生命可以無憾，可以滿足，可以療癒的路，也無法讓自己的生命的黑暗之處被照亮，那麼，這一遭便顯得多餘與無意義。一切不過是空想空談。當領悟無法落實於生命，那麼就不成智慧，只是高調的理論罷了。

我想要光亮照進我的生命，讓生命沒有那麼多恐懼。我看見好多的生命恐懼虛空，恐懼失去自尊，恐懼失控，恐懼無助感，我看見這些恐懼來自好長生命歷史所帶來的傷痛，那些傷痛因著人拚命想擺脫、想隔離而被封鎖在內心深處，卻在死亡的逼近下，從內心地牢中掙脫，為求最後的平反。

壓抑傷痛，當它反撲時，力量是大的。壓抑得越深，傷痛也就要以越大的力量喚起人的注意。但是當傷痛以這樣的形式出現，終究得不到撫慰與照顧，反而使人癱瘓與更加的無助，除了控訴人生的無情殘忍，控訴這世間的不公不義，我們什麼都做不了，也改變不了。

我不是一個沒有傷痛的人，我深知。當我見到傷痕累累的生命在我面前攤開他／她的傷口與痛處時，我清楚的意識到那些傷痛或許獨特，卻或多或少也在我生命中存有。我不能一直藉著處理別人的問題來讓自己假裝生命裡沒有這些傷痛，也不能老是將焦點放在他人身上，卻忘了自己也需要為自己的生命負起最大的責任。

我知道我的人生可以有很多種選擇，認同社會的生活價值，埋頭往前衝，爭名奪位，鞏固勢力，為自己的生存阿諛奉承，獲取人們眼中的成功。但也有一種選擇，也許掌聲稀落，或者根本是一條孤獨的路，但卻能好好的活在每一個生命的當下，成為一個自由自在的靈魂，不需被牽絆，也不需被宰制，不需要矮化自己，也不需要攻擊他人，能成為一個使人和睦的使者，將神交付在我生命中的事——療癒受傷的心靈，好好的完成。

我心中有一個最單純的信念，能心無旁騖熱情的活出我的人生。只是，我真的有足夠的力量完成我心中的渴望嗎？我難免懷疑。我真的可以走出一條獨特的路，引領我朝向天命而行嗎？我也不確信。

但我可以聽見自己內心的呼喚，是的，我需要起而行，需要走進人群，需要真實的與人有更多的接觸。不必然抱著什麼角色之於什麼角色，也不必然為了什麼樣的計畫與藍圖，我只是想要接受一場奇妙的旅程，接受生命要帶我前往的方向。

我只知道，哪裡有路，我就走向哪裡。

如果我這一生，只能完成一個夢想，那麼，我願意以畢生的力量，完成讓活在這塊土地上的人們活得真實、活得完整，並相信愛，活在愛中。

第二章 走向療癒

當日子末了，我站在你面前，
你將看見我的傷痕，
知道我曾經受傷，也曾經痊癒。
——泰戈爾

進入陰影

毅然決然離開臨終陪伴工作的我，在走過死亡邊境之後，回到這日常生活世界，竟有許多無法融入之處，也有許多說不清楚的經驗。雖然人已不處在時時刻刻與死亡為伍的環境裡，生命被死亡刻劃過的痕跡，已然成為我生命無法抹去的一部分。

我用了很大的力氣，才又以一般日常生活世界的價值過活。例如，我深刻的知道外在的條件都是虛無的，當走到生命盡頭的那一天，所有的外在條件都將消失，不得不卸下；但回到日常生活世界，外在條件就是很現實，很重要，我必須有一個角色、必須有一個位置、有一個頭銜。從認知到外在條件是短暫與空虛，而讓自己追求長存的生命意義與價值，以致和社會的普遍價值有一個切割與分離，再返回社會必須再認同這樣的短暫與虛無的價值，才有可能再融入回社會；天曉得我費了多大的努力，奮力吃力的將自己再塞回社群中。

我甚至一度懷疑，我是不是該忘懷那生命曾經有的悸動與心靈的呼喚？但下一刻，我又深知那讓我生命有如觸電般驚醒的經驗，為我開啟療癒生命的契機，也是我真實觸碰生命，領悟生命為何的重要歷程。雖然我並非完全領略，模糊中仍看見了一些輪廓。

這當中，掙扎、懷疑、苦痛、質疑佈滿在這來回轉向的歷程。

融入社會的過程一度讓我亂了手腳，亂了方寸。我必須要承認，我無法適應這個世俗的社會，那種以許多的外表條件來評斷一個人的價值的方式。也無法適應如果要在社會上有所發展，就必須能夠懂包裝、宣傳與操作的心機。

我的人生路，就在離開一個看似安穩，應可以做一輩子，可以有光環的工作之後，進入深沉的疑惑與自我懷疑。前方沒有任何路，就像走到了斷崖，我無路可走。恐慌與焦慮把我的生命推進一個無能為力與無助的狀態。我對自己非常嚴苛的指責與評斷，無數個輾轉難眠的夜晚，望著黑暗的空間，我流著無盡的淚，認定了絕對是因為「我很糟糕」、「我不夠好」才讓自己看起來如此狼狽、不堪，並讓許多人以輕視的口吻對我的生命加以評價。

負面的感受排山倒海而來，徹底的淹沒了我。這負面的感受不只來自生涯的受挫與徬徨，也來自感情的傷害與背叛。但我知道，更多的傷痛是來自我整個生命累積許久的痛苦，這龐大的痛苦，是從我出生就和我深深連結在一起的傷痛；我的父母不愛我，我的父母傷害了我，我的父母讓我的人生必須獨自一個人對抗這個無情殘忍的世俗環境。

我把一切的痛苦與無助全怪罪在我的父母親身上。即使，我深知我很愛他們，但那愛交織著恨與怨，我甚至一度，希望生命可以退回最初時刻，阻斷我的生命的形成，不要讓我來到這世上。「為什麼要生下我？為什麼要生下我來受屈辱？為什麼要生下我來面對這很糟的人生？」

而最洩氣的是，我已努力了將近三十年，從十九歲放掉想毀滅自己的衝動與折磨後，我以為，新的希望會將我生命帶向更好、成功，無以被攻擊的狀態。但就在二十九歲之際，我重重的摔落，幾乎粉身碎骨，我的心支離破碎，我不知道哪裡出錯了，我深深感覺前三十年的人生徹底的錯了，這些錯誤把我的人生帶進苦痛的深淵，不見天日。

我把自己鎖在屋內，數不清多少日子，我在沉睡中，以昏昏沉沉的睡眠時間逃避面對這個現實而可怕的社會。我沒想到我走到了人生最黑暗與最寒冷的時期，我的身心嚴重失常，內分泌也失調，整個人的體質全變了。我完全寸步難行。那些日子，我恐懼出門，嚴重的程度，包括無法進入人群。我的生命重心全部崩盤。

我變得無處可去，不敢到任何的公共場合，因為我一度真的相信了自己是可惡至極的人，也是可憐至極的人。因為這是許多人對我的評語：因為我的一些選擇失誤與不智，使我的人生走到困境。

我的生命因此牢牢困住，動彈不得，世界之大，我卻哪裡都不敢去。有時候，灰心至極，也懷疑過自己是否不該存在，若不存在了，所有的紛擾與困難是不是就能真正的平息，離我遠去。

無數次，我感覺到自己被打倒了，既憤怒又無助，卻強逼自己要更堅強，也在更堅強後，又被打倒。似乎防不勝防，我只能被迫接受一連串不合理且不實在的言語打擊與傷害。

因為過於脆弱，與全然的失去了信心，我幾乎失去了保護自己的力量。我的內外在世界全盤崩解，不知道該依據什麼準則與信念過生活。我的心中充滿驚嚇。當時的我，幾乎全然分不出來誰是朋友？誰又是敵人？

幾乎退隱的生活，除了少數信任的朋友來訪與陪伴，我幾乎不再與過去的人際生活圈互動。那時，我好希望消失，也希望換個面容，最好從此以後沒有人提起我或認識我。

我好希望，從這世界消失。

除了幾位以無聲陪伴我的朋友，我無法再接受任何人的看法與評論，也無法再接受別人風涼的戲謔與自以為是的指教，告訴我應當如何快速站起來，重新面對我的人生。

也許我是在大量的為滑稽與天真的過往哀悼，大量的為自己失去的「相信」服喪。我有種感覺，三十年來的生命如一場空，即使，我多麼不想承認自己出錯了，才讓自己跌得如此重，但隱約中，我知道我的生命需要徹底改變，過去我倚賴為生的生存模式與生活信念全然不適用了，這一切都失效了。

在來來回回的情緒動盪與起伏中，我赫然發現，失去了某個角色與某段關係讓我成「空」，這虛空太可怕，完全感受不到自己的價值與存在的意義。這「空」使我被迫好好瞧瞧自己。

從小的生活經驗，讓我學習到一些能力，獨立、堅強與勇敢的開創自己的生存空間。因此，我並不是一個非常依賴伴侶（或朋友）的人，有什麼事儘可能靠著自己解決。我不喜歡求人，也不喜歡看人臉色，也許，太想維護自尊，於是，讓自己死命的撐著。

失去職場，失去條件，失去許多關係之後，我還是讓自己努力的適應這些事物的改變。真正打擊我的是生命跌落的過程，我生命長期以來努力鞏固的自我價值與自信都徹底瓦解了。

我似乎，還是失敗了。

我一直想洗刷「有問題者」、「失敗者」、「一無所有者」的標籤與內在陰影，一直想憑著努力與向上好為自己的生命無價值平反，我努力想證明我是優秀的、有能力者、成功者。

但經歷一連串失落，讓我又再度落入社會評語的「失敗者」、「生命有問題者」、「無能者」的生命寫境。那是我努力想擺脫的早期生命包袱與陰影，卻還是，失敗了。而且，只差幾步路，就到絕境去了。

生命的失敗，完完全全的將我打垮。我感受不到這世界還有愛我的人，我感受不到我還有什麼勇氣與信心。我其實不懂，我算什麼，何以要有這麼大的力道來擊垮我？

有時，我憤怒至極時，咆哮狂罵，一瞬間，又落入無法控制的沮喪與痛苦中。

我想用自己的能力證明自己還是可以爬起來，但常常失敗，我不僅折磨自己，也折磨到在我身邊的人。最後我把所有的人切割、切斷，我不想見任何人，也不想任何人見到我。

直到，我虛假的自我包裝，那不堪一擊的自尊徹底瓦解、爆破後，我終於願意清楚看見自己的迷失，與迷思。

原來，當我痛苦於自己的一無是處時，這正顯示了我內在心靈的空洞，一點愛的力量與慈悲的力量都沒有。於是，當別人出言批判我、指責我時，我內在的聲音也是如此呈現，討伐著我自己。甚至，也冷言冷語的對自己說，真是活該，不只丟了臉，讓人看笑話，還讓好多人拍手叫好。

嚴重退縮的我，發現自己連坐捷運的能力都快消逝了才驚醒過來。

我看見自己在捷運上，身體一直顫抖，對於周遭人的姿態充滿了不安全感，害怕別人的冷漠眼神與失去界線的碰撞。那一趟路，我呼吸困難，隨時都想哭。總算逃回家後，一進門，我受不了的立刻拿起電話打給一位朋友，充滿驚嚇的告訴對方我所經歷的恐懼。朋友聽後，直接的告訴我，我失去了在都市叢林生存的能力，我的爪子被拔掉了，以致，我走到哪裡，都恐慌於無法保護自己。

那一天，我意識到保護自己的能力，離開了我。也意識到，我被這個認識了三十年的社會拋出，我不知道自己是誰、不知道自己要往哪裡、不知道自己為何還存在。

自此，我進入心靈最幽暗的地方。那黑，讓我恐懼與無助，那黑，讓我不敢看清楚在內心深處究竟盤據了什麼。龐大的痛苦，與壓得我喘不過氣來的鬱氣，讓我做了一個充滿恐懼的夢：

「我夢到，我搬了家，一間不起眼，破舊，不美，勉強可住的屋子。我清理了很久，擦拭了很久，還是陳舊，特別有一個小房間，是我心裡恐懼而不願靠近，不願打開清掃的。我不想清理，不想碰觸，隱約中，我好像知道，那裡似乎埋藏了一具屍體。我想掩飾，隱藏這件事。」

這個夢讓我知道，我的心理空間改變了，不美，老舊，只能勉強度日，雖然費了心想要清掃，想要整理，但我內在的空間仍舊感受不到一點新意。而更深層的內在，就如放了一具死屍，令我害怕與想逃避，我抗拒處理，一直迴避打開那個空間。而那具死屍，就是過去的我，我所不喜歡的我，不再有活力的我，讓我恐懼的我。

別人或許不喜歡我，但其實，最不喜歡我自己的，是我。

我以「藏匿了一具屍體」象徵了我深藏了一些不為他人所知的部分，包括我的成長歷程所帶給我的所有負面感受與影響，還有我陰沉抑鬱的內在，或是我認為難看不光彩的部分，全部鎖在那間密室裡，佈滿長時間累積下來的塵埃，不能開啟。

即使，夢的情境告訴我，我懼於開啟，但回到現實生活世界的我知道，夢已告訴我，該是時候打開這間密室，好好的處理密室內所有隱藏的祕密，和那些壓抑的負面感受。如果，我還是選擇隱藏，還是選擇迴避，那麼，我這間屋子，再怎麼打掃，也沒清理到最重要的部分，再怎麼想要有一個新的開始，卻有一部分是我始終恐懼，猶如幽靈般陰魂不散跟著我的。

我不能再這樣不上不下，為了維繫日常生活的運作，而採取隔離，與死命撐住的方法，把自己「困」在這動彈不得的僵局中。我想要衝破這硬化的繭，我想要再一次的重生，並且是真正、真實的重生，不是再以認同這社會的價值與偽裝的方式來獲得外在的肯定與認可。

我想要去蕪存菁，想要抖落一身的灰塵，想要發現在灰塵底下，最純淨的心靈，那是我最原始的生命模樣。也是我在離開這世界以前，最想重聚的自己。

即使再恐懼再困難，充滿不確定，有如一場未知旅程的冒險，我也希望自己可以有勇氣深入內在世界，好好認識這個世界。這個世界，有我長久生命的經驗，有我的過去，有我的故事。我不想再否認，也不想再以各種方式掩飾，我是我，不論什麼模樣，那都是我的一部分。

只有我一個人

不論是被環境所迫，或是出於自願，在二十九歲那年，離開臨終場境之後，我的人生猶如走進一大片曠野。那片曠野空盪盪只有我一個人，我在曠野中沉靜，在曠野中思索，在曠野中面對自己的過去，也在曠野中面對空無的我這個人，我沒有角色，沒有身分，沒有工作，沒有伴侶關係，沒有未來，沒有方向，沒有理想，沒有條件。停留在這樣的處境，長達兩年。

放眼望去空無一人的世界，沒有誰會在身邊關注你，無論你哭你笑，你難過你悲傷，你都知道和誰沒關係，也沒人會在意，你只有你自己一個人的滋味，是很可怕很巨大的空洞，也是很難忍受的虛無。在這樣的時刻，很容易厭惡自己，甚至，想毀滅自己。

這種處境，我很熟悉，非常的熟悉，就像回到孩童的時代，我是孤單的小孩。我的任何感受，任何想法，和任何人都沒關係，沒有連結。

小時候，我常對著天，講話。我想只有天知道我的心情，那似乎象徵著一種盼望，希望隨著我生命的成長，我的人生可以有機會不同。

即使，我很少說自己是孤兒，但我確實一直活在孤兒的狀態，而且幾乎是從一出生就如此。雖然我有父親，也有母親，但他們幾乎不出現在我身邊，更正確來說，他們像是遺棄了我，消失得無影無蹤。所以小時候，當我一個人時，我常感覺到孤零零的自己像是站在白茫茫空無一人的厚霧中，被全世界遺棄。這個世界，在我的經驗裡，有許多的奚落與攻擊，世界對我來說，是危險，是讓我不安與恐懼的怪獸。我常體會到無法保護自己的無助感，也不覺得有人會保護我。如果我想保護自己，我必須變得很強悍，並且讓人害怕，才能使別人不敢欺負我。

我只能靠我自己。無論潛意識，或是意識層面，我都深信如此。

只是，我還是常挫敗。很長的時間，我感覺到痛苦與脆弱，覺得活著是一件很辛苦也很沒有意義的磨難。傷痕累累的人生，究竟是為了什麼？我其實不懂。我八歲時，就開始厭惡活著，十一歲時，就想著人活著究竟是為什麼。

最困擾的問題，莫過於：「為什麼我和別人不一樣？為什麼別人有的我都沒有？」

當然沒有人會回答我，我的生活中，所有的事情只有我一個人知道，也只有我一個人想著接下來該怎麼辦。

我以為我會痛恨這世界一輩子。很小的時候，我就想著我只要活到三十歲就好，能活三十年，對我來說，代表著我已承受三十年的痛苦、孤單與折磨，這樣應該夠了。我甚至想著，我相似於小雛菊的生命，生長在貧瘠土地上，有人會在意它的死活嗎？

我認為我的生命是一場不知打哪來的玩笑，不曉得是誰故意惡作劇。而且，我從小認為我會無奈與受苦的過完我的人生。

人生走到二十九歲，我再次問了自己，我該活在這世界上嗎？

我原本在十九歲時，就覺得自己活夠了。倚靠著僅存的一點點希望，給自己再一次的機會，看看自己還有可能有什麼不同的人生。然而，在持續努力活下去的同時，孤獨的感受仍常侵襲著我。

我的童年與少女時代是孤獨的，沒有多少事可以和同學說。不是因為生命經驗貧乏，而是因為生命經驗的情感既沉又重。我試過，努力試過，和同學分享在我生命裡發生的事與我的情感，但在別人沉默的表情裡，我發現了生命的難以被理解。至少在同年齡層中是這樣的。

「沉默」是我害怕的反應。人們的沉默，雖然是無語卻像有千言萬語飄散在空氣中，讓我感到窒息，而在心裡低咕著：為何不說話呢？是不知該說些什麼嗎？是很難理解？是無法想像？或者是諸多評價不好說出口呢？還是，我太怪異了呢？

最後，我也選擇了沉默，走進了寂靜，再也不說自己、分享自己。

生活裡沒有可述說的對象，沒有人對我感到興趣，也沒有人覺得在我生命發生的事是重要的，說生命經驗對我漸漸變成一件很難的事，我無法說出口，也不知道該從何說起。於是，生命底層的孤獨感始終存在。

孤獨是有味道的。孤獨像是寒冬的夜晚，全身渴望溫暖，但無論嘗試什麼努力，始終聞到的還是冷空氣的味道，全身依然冰凍難耐。

要一個出生在夏季的獅子座女孩不能體會到與群體的靠近，也無法和其他人相依偎，是一件痛苦的事。獅群相互照應的生活，在我的生活裡幾乎不存在。我獨自遊走在鄉村與城市，獨自走在自己的生命城堡，沒有對象可以說話。

無法以語言與文字說出自己的生命，生命就此被封鎖在某個空間。那個空間甚為荒涼，沒有草木也沒有花朵，空無一人。

到底從什麼時候開始，我放棄了期待父母親的照顧與撫慰？

也許很小很小的時候，三歲、四歲或五歲還依戀著他們，還渴望他們的保護與永遠的不消失，但在他們一次又一次的消失後，哭得肝腸寸斷的我，也許不願意再相信我是他們所愛的孩子。

究竟經歷過多少次的受傷與失望，我終於不再有任何的期望？

沒有父母親保護的我，不論遭遇什麼恐懼與無助，都只能自己面對。不論成長過程是悲是喜，是榮耀或是失敗，也只有我自己獨自承受，和任何人沒有關係。就算在球場上摔了一個大跤，在學校和同學不愉快，或是上台領獎，這一切都只和我一個人有關係。

沒有人在意，也沒有人喝采，我決定如何表現就如何表現。我曾經考倒數幾名，也曾經考過班上第一名，但無論表現如何，我都為自己承擔，也自己感受。久而久之，我懂得了為自己的每一個行動負起責任。即使，這是因為家庭與環境的許多限制，迫於無奈，讓我不能再多加要求誰，但在我人生許多的選擇上，我知道自己可以全然自由與自主，但也全然的孤獨與全然的必須自己面對。

一個人面對外在世界，有太多的突發狀況，可能一個不留心就招來危險。沒有父母可以依靠的我，成長過程，常渴望周圍有人可以依附與依靠，或出手保護，卻也因此，太天真的信任了別人而遍體鱗傷，或是因為太快的親近，而在關係中失望。這種經驗似乎在成長的過程，層出不窮。

而當受傷越多越重，我也將自己武裝得越強悍與越不可靠近。我像隻張滿刺的刺蝟，遊走在我的生活世界，我以為這樣可以抵擋住外來的傷害，也可以讓人不識破我的恐懼，但我卻不知道，這種方法，使我心靈深處的孤寂與空虛感越來越強烈。我拒絕承認自己需要他人的撫慰，也拒絕了任何人的接近，事實上，我對人充滿了失望，不相信這世界是友善與公平的。

這些拒絕與防衛，甚至敵意，讓我生命內層被一大片黑暗籠罩，而且這片黑一直擴張。黑色漩渦三不五時的席捲我，好長的時間，我只能在乎我自己的感受，我只在乎我被傷害了什麼，被辜負了什麼，以及，我要如何的阻隔讓我痛苦的人與事。我沒有其他的管道可以得知還能怎麼處理。

每一次，當我感受到攻擊，或是任何的傷害，全身緊繃的我，第一個念頭常是要如何反擊，卻又陷在自己沒有力量可以有所反擊的困窘中。

而生命走到二十九歲，我對這世界的失望幾乎到了極點，憤怒亦是。有時，我會狐疑，為何周遭環境不放過我，為何我必須不斷的應付外在的壓迫與批評。然而，最大的失望與憤怒是對我自己，我一度認為，自己不夠強、不夠有價值、不夠有家世背景，才會讓許多不公平的對待與傷害持續發生。

「只有我一個人」的悲辛，無形中，讓我不相信我的世界是安全的，某個時候，甚至相信這個世界是要擊垮我，不讓我活著。

好幾度，我在自己的四方屋內，徹底崩潰，嚎啕大哭。特別是夢見父親來找我，夢裡的我像個寂寞孤單好久的小孩，懷抱住父親，將委屈與思念的沉痛從咽喉哭喊出來。那些「為什麼我沒有人可以依靠」，「為什麼我沒有人可以相信」的吶喊，不管我的大腦怎麼轉也轉不出一個答案。

那時候，我翻閱了各類各樣的書，想要從書裡找到一個答案，一個說法。我到底有什麼天大的罪惡，究竟我有多糟糕，以至於我必須是一個沒人要，沒人愛的小孩，任意被對待。在我陷入無助深淵時，我還是想像著會不會有個拯救者出現，拯救我離開充滿傷害與痛苦的深淵。

但我的世界，常常是無聲無息，不只沒有人聲，連神的回應，一點也聽不見，就是寂靜而已。

小時候，我深信我是神的寶貝孩子，我靠著這樣的相信存活。但長大後，傷害的事越來越多，我開始懷疑，我不認為我真的是神所愛的孩子。

在兩年中，我不僅面對了過去的我是一個人存在，我也面對在那個當下的自己是一個孤立無援的人。因為想找到哪兒出錯，我把自己逼迫到絕境，質問自己為何把人生弄得不堪入目？為何讓自己有機會被人看見不好看與失敗的部分，以至於我被排拒？

兩年的折磨與退縮，讓我以為得不到任何的救贖，卻意外的聽見一個牧師說了一段救贖我心靈的話：「人的罪與惡，讓人的自由意志做出了一些傷害別人的事，他們選擇了傷害，這絕不是神的旨意，神不會為了教導一個人、磨練一個人就故意想法子讓他受傷，或叫人來故意傷害人。有些人是無辜的，什麼事都沒做，也會被人傷害，這是人的惡所做的行為，是世間的定律，傷害的事必存在於人世間，因為人有自由意志決定要善或要惡。而神的作為是高於這個定律，祂承諾，只要來到祂面前的人，無論曾經遭受多大的傷痛、多大的苦難，祂都要治癒，祂的愛，必治癒、必讓人安穩依靠。」

我聽了，心靈有了釋放，我對牧師說：「您的這段話，對我很重要。」

在那一刻，我明白了人的作為就是人的作為，傷害就是傷害，不能美化那是神的安排或計畫。人得為他的行為負上責任。人也的確有惡性會去傷害人，不能完全忽略人本身的自由意志所做的選擇與所造成的後果。

但神有允諾，無論遭受多大的傷痛，拖著多疲憊的身軀，只要我們回心轉意求見神的面、祂的榮光，祂必打開大門，迎接我們，讓我們的生命得到療癒與安歇。傷害的是人，但治癒的是神、是愛。

我因此領會到，人的愛是有限的，人的能力也是有限的。我越想依靠人，就越感受到人的限制與軟弱。我越想在環境中索取安全感，就越被環境的無情風暴襲擊。我因此發現自己不是將安穩的力量存放於我的內在，而是一直追求著外在的安全，以為當外在的眼光與評價都無可挑剔我時，我才能有足夠的安全感存活，才能確保自己不會被這世界丟棄。沒想到，這一番努力卻屢遭失敗。

這種沒有安全感的恐慌是真實的，還是不真實的？是過去的經驗影響了我感受這世界安全與否，還是真實的經驗讓我感受到人身安全的威脅？

我真的失去了一切嗎？還是我所具有的能力，也被我嗤之以鼻？

更深一層的探索，我問了自己，「我」是誰？我為什麼要這麼厭惡「我」，這個「我」是不能改變的嗎？還是，是被無可抗拒的環境與經驗所塑造的？

而「我」要的安全感，或是任何其他的渴望，諸如：「價值感」、「成功」、「優秀」是真的想要嗎？還是為了洗刷自己認為的一身污穢，與不完美？

我一問再問，依著線索，重新認識我自己，也意識到許多的衝突看似是與外在的衝突，其實來自早已形成的內在衝突與矛盾。曾經傷害我的人，早已離去那些我們生命交會的點，他們的言語與評斷，卻像鬼魅般，陰魂不散跟隨著我，而打開大門讓他們進來，讓他們侵擾我的，是我。

我看見早年成長過程中，我害怕自己弱小，討厭感覺自己弱勢，以致用了強大的防衛偽裝我自己，而當外在他人因此誤以為我為強時，用了更大更猛烈的力氣攻擊我時，被無情襲擊的我，因此感到委屈與憤怒。

這種「倔強」與「不認輸」，讓我吃了不少苦，卻也是讓我生存下來的力量。如果，

「強」會讓人想出手攻擊，或不加以顧慮的抨擊，那我是否能承認自己的弱與無助呢？

這似乎也是我另一個難題。弱勢與孤兒那種可以被任意安置與被隨意對待的經驗，是一種讓我感到痛苦與受辱的經驗，也是我一直想逃離，想擺脫的陰影。「倔強」正是強烈的想擺脫「弱勢」的陰影，而有的驅力。

似乎，這追逐著我，讓我心生厭惡與恐懼的龐大陰影，都來自羞愧的感覺。為了想擺脫受辱，想擺脫污點，想擺脫那些不美不亮麗的部分，衍生出許多讓我越來越分裂的拉扯破壞力，也越來越逼迫自己該遠離自己，唾棄自己，因為我不成功、我失敗，所以，我不配被愛與被認可。

我深刻的知覺到在我生命中，羞愧的感受如影隨形，也是我許多行為與許多反應的起因，更是那些沒完沒了的心理遊戲的源頭。

我想停止這一切；無盡的折磨，無止息的干擾。我仍想回到最初的自己，那個佈滿戰火灰燼之前，最純淨的我。

就讓羞愧停止

我的生命沒有「理所當然」應該對我負責與對我好的人。這件事曾經讓我悲傷好久，好久。

但即使悲傷很深，也強要自己快快收拾起這種自怨自艾的行為，因為這樣的行為不會獲得任何的撫慰，反而因此招來更多的厭惡與責備。

如果要保護自己不要再多受一點傷，似乎要把自己藏得很好。但就算藏得很好，有些感覺還是冷不防的出現，讓人措手不及，顯露出自己的笨拙與難堪。

小時候最難忍受也最害怕的感受是羨慕，偶爾會變成具有攻擊性的嫉妒。嫉妒是因為想要那看起來美麗的物品，並且用行動去掠奪。但大部分的時候，我相信別人所擁有的美麗物品、別人的好是我沒有資格也沒有能力擁有的，所以只能有羨慕的情緒隱隱作祟；羨慕著別人擁有美麗的事物，美好的生活，那些都是我沒有的。別人有父母親辦生日會，別人有美麗的禮物，別人有親人接送，別人無論發生什麼事，都找得到親人處理。

當有羨慕情緒出現時，照映出的是自己好缺乏，這份缺乏中有許多的辛酸，知道自己再怎麼要也要不到，也沒有對象可以要。

花了好長時間的沉澱與探索，我才看見我非常討厭羨慕的感受，卻一直不知道這種情緒一直干擾著我。我討厭羨慕別人有爸爸媽媽在身邊照顧；我討厭羨慕別人有一個歡樂的家庭；我討厭羨慕別的小朋友要什麼有什麼；我討厭羨慕別人有家人愛；我討厭羨慕……

我討厭羨慕。因為討厭，我必須要有所策略好調適這種難受的情緒，於是我很小開始就以「不要在乎」及「努力拿」來因應。辦不到的，我讓自己不在乎，像是有爸爸媽媽，我辦不到，那就假裝不在乎。辦得到的，我努力去拿；學業表現、社會表現、比賽、外表、各種外在條件等等。

竭盡所能，只為了弭平我「羨慕」的情緒。

當我一步一步的面對自己的人生，「其實我什麼都沒有」；我才發現我好厭惡自己什麼都沒有的感覺，那是一種「身輕」的自卑感。這種討厭的感覺，我想杜絕。於是，我相信如果沒有羨慕的感覺，那麼，我就不會意識到我什麼都沒有。於是，我用了「不斷努力去拿到自己要的」的意志，讓自己不是消極的羨慕，而是積極的獲取。

我明白了是自己不願意接納自己真實的人生處境，而形成了強大的意念，要自己不要示弱，也不要讓別人瞧見自己的一無所有。外在的我，總是要讓人看見我的好，也成功的讓人看不出我的缺乏與不安。

但其實是我不想接受自己的人生。「真是令人討厭的人生」是我內心常有的感覺，冷不防的出來酸我自己。這種人生，讓我長久感覺到羞愧。即使長大成人了，羞愧感仍一直在意自己的「不同」和「缺乏」。

小孩子時，該怎麼理解「為何別人有我卻沒有」的問題？比較快的解釋，就是認定了自己不夠好才無法擁有。於是，必須讓自己躲躲藏藏，避開一些會顯示自己缺乏的場面，像是母姊會或是畢業典禮，那種家庭會有大堆頭出現的場面。我很害怕在那樣的場面，更顯現我是沒有人在乎，沒人關心的。

當看見別的同學稚氣的向父母撒嬌討愛，而自己只能是一個人的杵在那裡時，是非常孤單與寂寞的感受。但漸漸的，我也學會了習慣，與不要去感覺。「絕不示弱」是我採取的自我保護；絕不讓人看見我的傷心與難過，免得被取笑與輕視。我甚至在不知不覺中，忽略自己的需要，與隔離自己的感覺，我以為，這樣就不會感覺到悲辛與不公了。

但也因為不得不的強悍，與不得不掩飾自己的脆弱，我不再對自己慈悲，也不對他人慈悲。我殘忍與無情的認為，這世界傷我這麼的重，為何我不能傷人。我也想發洩，我也想讓別人知道難受的滋味，我也想用別人對待我的方式對待別人。我不允許自己感覺到痛，我也認為別人不會感覺到痛。

以惡制惡、以暴制暴，或許是這樣來的。一個孩子沒有獲得善待，是不可能體會得到良善與慈悲。孩子感受到的攻擊越強烈，他便累積了越多的攻擊力，或許一時間，他無法對權威者回以攻擊，但卻可能對於更弱小者，不假思索的予以殘忍對待。

青少年的我，不能稱得上是乖學生或是乖小孩，我不是聰明功課好的學生，雖然我不鬧事，但學校對我來說是一個很難融入的地方。我沒有好學生的優良家世背景，但也沒有問題學生的複雜家庭關係，我不屬於任何一個群體，我跟好學生接觸，也跟學校頭痛的問題學生接觸，我不與任何一邊形成密不可分的關係，卻讓他們都知道「不要惹我」。

但這不意味我從不受傷，我仍會被我在乎的人所傷。每受傷一次，就告誡自己，不能在乎人。

因為生活大小狀況都必須靠我自己獨想、獨自承受，我沒有學會「澄清」與「核對」這兩件事，常常想當然爾的就認定一些事情。而那些被認定的事情，說穿了，就是認定「別人都是出於惡意的」。無形中，總是將人置放在「迫害者」與「權威者」的位置，給予他們無限權力可以左右我的想法與感受，然後，又像是鬥士般的，與他們拉扯與抗衡。

別人很無辜，我也非常疲累。一直在鬥，與命鬥、與天鬥、與環境鬥、與人鬥、與自己鬥，這總總的鬥，說穿了，都是與羞愧感鬥，不想再背負我是一個帶給人問題與麻煩的累贅或瑕疵品。

我想，我真的很不愛我自己，我以為我之所以受苦都是因為我卑賤的生命所害，有時，甚至想像著若是生命不在，是不是就不受苦了。

在某一次的自我重整中，我意外的看見這份羞愧不只來自於我不被社會認可的身世，還有來自三代的家族歷史。「羞愧」源於怕丟臉，怕被瞧不起，開始於我祖父母那代的故事。祖父從留日望族少爺，因為誤交朋友，而將家產敗光，逼得奶奶必須辛苦的撐起後來的家計。瞬間的跌落，讓爺爺意志消沉，也讓奶奶怨氣難息。

那份羞愧感，成為遺傳的一部分，傳給了下一代，再傳給了我這一代。「要被瞧得起」變成了隱性的家訓。代代傳遞的是，不要被人看見那些不好的部分，必須維持著僅剩的尊嚴。

只是，我的父親似乎成了羞愧的另一個來源，使家族蒙羞。他不務正業，總和女人沒有婚姻關係，隨性過日子，欠錢用就找兄姊討，甚至還有酗酒與暴力行為。

他衝動，不示弱，需要虛偽的尊敬，不能被輕視；卻也保護弱小，照顧朋友，與非常的疼愛我。他有著許多不符合社會評價的行為，讓人害怕會有收拾不完的殘局。我既愛他，卻又因他而背負沉重的羞愧感，這是多麼矛盾的情感；他給我真實的愛，卻又給我苦痛受，讓我不知道我該單純的愛他，還是要和這社會一樣唾棄他。

我同時看見他的生命風景與歷史。他確實不好，但卻也受了傷，在他的成長過程中。在他不為人所知的內心世界，我相信他也背負了屬於他的傷痛與屈辱。他無法適應這個社會，用了讓自己更邊緣化的方式來因應它。

我看見自己花了好長的生命時間，想要為他洗刷屈辱，也為我自己去除羞愧。以至於我不斷要自己努力，再努力，好爭回社會的認同與接受。父親站在社會的邊緣，我想要以我的力量將我自己與他拉回社會。我內心多麼渴望，父親可以不要歷經這麼多辛苦，只能在社會的夾縫中生存。

但我終究沒有拉回他，他的生命便已終止，離開了我，離開了這個讓他無法融入的社會。

而我也空留了遺憾。然後，在遺憾中發現，讓我喘不過氣的羞愧感，使我的心理狀態總是自動化的矮人一截，也自動化的認定自己不夠好，於是，我不斷的拒絕接收肯定我的訊息與好的回應。

痛定思痛，我想要停止這羞愧，停止無止盡的自我矮化與自我否定。我也不想要再背負那一代傳遞一代的失望與羞愧感受。我的出生，或許不是在一個被祝福與被認可的情況下，但不表示，我需要為此背負一生的羞恥。

這份羞恥已禁錮我的生命太久了，時時出現，讓我活在恐懼自己不夠好，與害怕自己醜陋的陰影中，像陷入泥淖，寸步難行。

「生命不該是如此」，我的內心有好大的呼喊。

生命該是自由的，生命該是美好的，生命該是無懼於愛，無懼於感受這世界。

我想要自由，我想要活出美好，我想要無懼於愛，無懼於感受這世界。

我知道我的羞恥，不只來自上一代的傳遞，有一大部分是源自我沒有自己的家。我沒有像別人一樣的「正常家庭」，我以為那是生命出錯或是生命不好才會造成的結果。我以為，如果我夠好，我怎麼可能沒有愛我的父母與家庭。

我知道，沒有一個家，是我最大的失落與最深的痛，被放在我內心的最底層，無論怎麼呼喊，都沒人聽得見。

面對黑洞——沒有家

家庭，對我來說，並不是快樂與安全的地方，精確的說，我沒有太多家庭經驗。唯一深刻的經驗是孤單與等待。等待的是，父親的出現；孤單的是，我沒有什麼和其他小朋友相似的經驗可以敘說與分享。我的世界似乎被隔離在這世界之外，除了我自己，我和任何人都沒有連結。

我的生活內容裡，沒有父親，沒有母親。當我看著其他小朋友有父母親的接送，有父母親為他們做一切事時，有父母親表達對他們的愛時，我常常獨自想著，那是什麼感受？如果我的生活中有父母親，我是不是也可以告訴其他小朋友，我是一個被愛的小孩呢？是不是被欺負時，也可以說：「我要回家告訴我爸爸。」「我要回家告訴我媽媽。」

只要回想幼年的記憶，常常浮現的是等待父親出現的情景。即使，他不常在我身邊，也沒有負起一個父親照顧孩子的責任，但身為孩子的我還是從心底深切的期盼他回家，回到我身邊。我想，那是一個孩子最單純，與最忠誠愛著父親的心。無論父親是如何使我失望、失落與傷心。

沒有安全與穩定的依附關係，對任何孩子來說都是恐慌的經驗。

我的童年生命，在害怕與無助的氣氛下，努力呼吸，痛苦的掙扎。痛苦常來自我無法提起我的家庭，當別的孩子說話中常是「我媽媽說……」「我爸爸他……」時，我只能沉默，無法與之共鳴，也無法說出自己家庭的真實狀態，若說出自己的生活沒有媽媽沒有爸爸，似乎和別人之間就有了距離，唯恐別人不再和我交往。

弔詭的是，這種覺得自己與別人沒有共通性的心理作祟下，不等別人遠離我，我便先遠離別人。我的求學階段，常選擇獨處，頂多一兩個知心朋友，我不太參與團體活動，也不參加什麼組織，我只選擇在自己覺得安全的範圍，做一些自己覺得沒有危險的事。一切只為了預防痛苦。

這樣的預先防範是因為我無法接納自己的不同，覺得別人若知道我的不同與不足，一定會嫌惡我，輕視我。

痛苦的感覺，最早的記憶大約是三四歲，父親將我寄放在高雄的一個友人家中，請友人一家代為照顧我一段時間。到現在我還記得那時的驚慌，我被放在一個全是陌生人的房子，唯一熟悉的爸爸卻不見了。父親友人妻子總是一臉嫌惡的看著我，問丈夫說：「究竟什麼時候要帶走？」

我嚇得不知該做什麼反應，只能心裡不斷的希望爸爸的出現。

不知過了多久，父親出現了，卻不是帶我走，他要我乖與聽話之後，留了一些錢給友人的妻子後離開。我雖然習慣友人妻子對我的厭惡口氣，卻常常在心裡問一個問題：「為什麼他們是一家人，我卻一個人在這裡？哪裡是我的家？爸爸為什麼要把我丟掉？」

那個家庭有個與我差不多年紀的小女孩，友人的妻子總把她打扮得漂漂亮亮，每回和他們出門逛街，總看著她們母女熱烈的試穿衣服，買漂亮的洋裝，望著一個高興的媽媽讚揚女兒好漂亮，卻回頭給我一個厭惡的表情。

當時，我不太知道自己的長相如何，但我想一定是不可愛不漂亮，才會讓人這麼討厭吧？

父親後來終於來了，我激烈的要離開，我哭著喊著就是不願留下，即使讓那家庭一臉錯愕，我仍無法再保持鎮靜的讓父親再遺留我下來。我不想留在一個不被喜歡，不斷被嫌棄的環境。

之後，父親又將我寄放在另一個家庭，那個家庭是父親另一個朋友的父母親家，我稱呼他們為爺爺奶奶。忘了住多久，只記得他們要求我每晚吃飯前要擦地板，要將所有人的鞋子排整齊。吃完飯後，要為奶奶按摩捶背。我不知道他們的要求合不合理，只是擔心若沒有照著他們的要求做，我會沒有飯吃。那時，我以為會一直生活在那個家庭，所以讓自己慢慢的適應那裡的生活，不敢想父親什麼時候會來的問題。

後來，父親出現了，將我帶走，從宜蘭帶到台北大姑姑家，大姑姑與二姑姑驚訝於我一頭的頭蝨，千方百計的要為我根除這病，她們慎重的告訴爸爸：別再將她帶回宜蘭，別再把她四處遺留，她太可憐了！

我的幼年生活就在這樣的可憐嘆息聲度過。若是可以選擇，我一定不要這樣的可憐，我會要在一個不被可憐不被輕視或同情的家庭中生活。

而讓我不斷經歷失望與受創的不只是我的父親。還有，我的母親。

即使我從小到大不提起她，試著遺忘這個人，試著忘懷她如何使我失望，但是，在內心深處，我知道我在意，也有埋怨。

被大姑姑家收養後一年，上國中的第一天，為了填寫學校需要的母親資料，我鼓起勇氣撥了電話給已嫁作人婦的她。我滿懷興奮，充滿期待的想對她敘說想念，那是十歲一別之後，第一次再與她聯絡。但她在兩三句漫不經心的應答後對我說：「電話費很貴，不要講了。」我按捺住失望，問她：「妳有這裡的電話吧！」「有。」於是，我緩緩的掛上了一通失落的電話，從那刻起到後來無數個日子，我沒有接到母親的任何一通電話。而我，也不再撥出任何一通電話給她。

國二那年，父親驟然的離去，讓我生命再度回到小時失去父母親照顧的狀態，成為徹底的孤兒，徹底的失去了有自己的家的夢想。

當我是孩子時，甚至到國中高中，我沒有辦法了解，我之所以遇到這麼多辛苦的生活，有著和多數人不同的家庭並不是我的錯，不是因為我的存在才讓這一切這麼的糟這麼不好，事情原本就這麼糟，我的出生剛好承受了這些事與這些困難。我老是以為是我的生命不配過得好，不值得擁有好的生活，所以才會遇到這麼多痛苦的事。

我望著同學的家庭，看著同學父母的關心與照顧，心裡有說不出的辛酸苦澀，我好希望有那樣的家庭；回到家會看見自己爸爸媽媽的那樣家庭。

當然，希望歸希望，「現實是不會改變的。」許多人也會對我說著這種十分現實的話，既然現實是現實，與其埋怨不如接受。所以，成長過程中，我不太對外談痛苦，人們總認為談一些不會改變的狀況有何益處呢？他們覺得應該遺忘或者深藏內心就好。我也體會到人們多怕討論痛苦、碰觸痛苦，所以我盡量不提、不談。我不是刻意隱藏，我只是巧妙的迴避提及自己的家庭、提爸爸與媽媽。人們會從我表面容貌以為我是一個嬌縱的么女，備受父母的呵護與寵愛，卻不知這愛是我最為陌生與貧乏的。

但或許，在潛意識下，我用外表杜絕了別人對我身世背景的好奇，也讓人不識破我的無助與脆弱。這樣，我就不會被視為被遺棄的小孩，與不幸的小孩。

怎麼樣才能說服自己接受我的父母親讓我的生命必須背負許多的傷害？怎麼樣才能面對因為他們，我必須很辛苦的活在這世界上？

如果，我一直執著於我所受的傷與苦，我相信，我無法看見不同的事，我也相信，這些苦與痛，將一輩子不會安息。在成長過程中，我曾想知道這世上的公道是什麼，我也想知道為何命運要如此捉弄著我。在來回痛苦掙扎中，我不知道沒有家的那份空洞，該如何處置，是否要就此接受空洞的存在，還是要努力的填補起來。

擔心生命因為空洞而不全，擔心自己生命因此有瑕疵，所以也想要建造別人所認同的家庭樣貌，來獲取別人的認同。說到底，是害怕著不被這個社會接納，也害怕這份缺乏讓自己無法在社會上安在。

這社會的氛圍，總是告訴著人們，當你和大多數的人們不同時，代表你是異類或異常，當人們普遍擁有一些東西時，你沒有，代表你的無能與失敗。要與這樣的集體意識抗衡，要有穩健的內在，穩定的價值觀，並有寬容不同的胸懷，才能安心的走在自己的人生軌道上。

我想，沒有一個自己的家，心中想要的家，會是恆久的缺洞，那代表有些渴望與需求是無法藉著家而得到滿足。但成長後的我，學著接納這份失落的存在，不再強烈企圖填平與掩飾。我的父母親確實不完美，也有他們的過失與軟弱，但我可以不放棄在我內在長出——有能力照顧我內在小孩的內在父母。或許外表形象上，我沒有家、沒有雙親，好似不完整與缺乏，但我的內在可以是完整的，我有身為父母的能力與特質，可以慈悲、撫慰、養育與指引；我亦有身為孩子的需求與特質，可以自由、享受、呼求與感受；我還有隨著歲月而成長的自己，可以穩當的理解自己，學習與處理各樣的現實生活挑戰，並整合自己。

我可以是完整的。並不因為我是一位私生子，或是我沒有自己的家，我的生命就因此不完整。外在的生活或許或多或少還是必須承受不理解的異樣眼光，但是，不意味我的內在也沒有趨向完整的可能。

跳脫這一輩子的世俗評價，人該追求的，可以是靈魂的完整。

如果，我注定出生在一個沒有愛的關係下，或是誕生在一個沒有愛的家庭中，那麼，我希望我可以為生命創造出愛，為了完成對愛的渴望，而成為愛。

這是我此生，最想做到的事。

渴望　愛

曾經，我以為，人之所以活得有理，就應該具備各式各樣令人看得起的「條件」，當擁有這些條件時，人才會被尊重、被喜愛。於是，我拚了命的去拿，拚了命的想要得到人們的肯定。我用「條件」建構自己的價值，卻在「條件」離開我時，變得一無是處。

原來，我是如此的虛空。原來，卸下了許多外在的漂亮包裝後，別人不愛我，我更不愛我自己。

在錯誤的了解下，我們以為愛等於需要，愛等於交換，愛等於激情。卻在不再需要時，沒有可交換的物品時，不再有激情時，遺棄了那份曾以為的愛。

我們大部分對愛的體會，除了從父母親那兒領會來的，一大部分是從愛戀中摸索得來的。

十二歲小學最後一年，養育我的祖母過世，我必須離開家鄉轉學到台北，寄住在大姑姑家生活。當時，剛離開讀了五年多的小學，一轉就從屏東轉到遙遠的台北，斷了所有的情感與人際關係。到了台北的班上，我無法順利得到同學們的重視與接納，我實在像個從鄉下來的土包子，讓他們覺得怪異。或許是很想找一個情感可連結的對象，化解內心的焦慮，於是，我暗戀了一位班上的男生。我和他都是轉學生，可能因此我誤以為可以得到他的友誼。

我喜歡接近他，也常注視著他。我的喜歡很外放，幾乎很快的被班上的同學知道，我喜歡某某某幾乎成為一個公開的祕密。但也不是會做什麼突兀舉動，只是不否認自己有欣賞的人，勇於承認自己的喜歡。

但事情似乎不單純，被一個其貌不揚的女生喜歡似乎並不是一件「榮譽」的事，後來男生們拿被我喜歡來取笑那位男生。我送的禮物也被他送給別的同學。

雖然傷心，畢竟是小孩，換到國中學校，遠離了小學同學，便忘了那種屈辱的感覺，只是記得自己那種純純的喜歡，直到成人後經過他的家（也許早搬走了），仍會望著那屋子，想起自己小學六年級望著他家，淡淡喜歡的感覺。

國中，我讀的是女校，沒男生。喜歡女生，把一些中性化女生當作男性來喜歡，幾乎是大家都認同的。班上有位女生簡直是萬人迷，每次她出場比賽籃球，或者情人節之類的日子，她的桌上就會堆滿禮物，禮物多到收不完，住在她家附近的我還得當「志願義工」，協助她拎禮物回家。我都會問她：每個禮物妳都知道是誰送的嗎？她說：怎麼可能？

我留在狐疑中，到底為什麼一個人可以收到這麼多禮物？而我，只有拎禮物的份？

我喜歡的女生不是她，而是另外一個。與其說是喜歡的女生，不如說是我放了心，放感情過的一個好朋友。她是前段班的，所謂的升學班，而我是放牛班，所謂被學校放棄的廢物。

這好朋友會給我鼓勵，會聽我說話，也會說話給我聽。她說她是獨生女，很孤單，喜歡和同學朋友在一起，不然回家就沒人陪她了。由於，好班的課業壓力較重，又不常有休息時間，而學校又把前段後段班區隔得很遠，有時為了和她見一面，要跑半個學校，好幾樓階梯，跑到了，又得準備跑回來，因為要上課了。為此，我們只能在上課中寫紙條，等待下課傳紙條，一天可傳個三四封。對我來說，那像是我生活中最幸福最快樂的時刻，上學似乎有了些動力。

但好景不常，在聯考前，大姑姑家接到一通電話，不是找我，而是找了大姑姑，劈頭就說我連累她女兒讀書，她女兒可是前段班的學生，叫我不要糾纏，還對著大姑姑說：「她在搞同性戀，每天都寫情書，妳小心管教一點！」

我聽大姑姑轉述，感覺到被背叛的傷痛。大姑姑的反應異常冷靜，只說人家媽媽都這樣說了，就不要這個朋友了吧！

我氣憤的說：「當然。」

後來，我找了那位好朋友質問她，怎能允許她的母親如此傷害我？

她說：「不然怎麼辦？如果我不給我媽媽妳的電話，她就要ＸＸＸ的電話，我很為難的。」

ＸＸＸ就是我那位收禮物收到手軟，我幫她拎禮物拎到腿軟的同班同學。「喔……」那刻我終於明白，在她心中誰的分量較重。

高中後，我厭惡起喜歡女生的事，又走回主流「正途」，喜歡班上的男同學或男學長。但高中只知道拚術科成績的我，戴著一付大青蛙眼鏡，嚴肅認真的模樣，被我喜歡的男生又落得被取笑的命運，好似被我喜歡是一件被瘟神盯上的事。

一位女同學看我又受傷卻又執著，便勸我說那男孩不好，人不好、脾氣不好、品格不好。我聽得一愣一愣的，還覺得終於有了一個「挺我」的好朋友。後來才知道，原來是他們已在交往，那女孩為了讓我打退堂鼓，故意在我面前「惡意批評」那男孩。那次感情的受傷，感覺很複雜，似乎不是被暗戀所傷，而是對人的信任受到了傷害。

高中畢業後，脫離醜小鴨行列的我，終於和愛慕的異性戀愛了，卻在無預警下失去了這份愛情，並意外的發現對方早已變心，欺瞞著我和另一女孩暗通款曲。後來的感情也類似，收場幾乎都是有第三者存在，感受到背叛與遺棄後，痛苦的走向分離。

對愛情，我似乎是很難樂觀。體會到太多愛情的殘酷後，我知道愛情是無法掌控的，也無法天真的再以為愛情永不變卦。有段時間，害怕的感受強烈到，希望愛情離我遠一點。我確實長達好幾年，對愛情沒有任何期待與幻想。我想我對愛情不再憧憬，畢竟，現實有太多考驗，而人，是如此的複雜。人性的欲望與軟弱都可能是愛情的殺手。

也許，表面上我說不相信會有愛我的人存在，但誠實想想，是我，可能已不懂得如何愛人，也放棄再勇敢愛人。受傷的經驗，讓曾勇敢追尋愛的我傷痕累累，不再願意相信愛。每每想起交出去的真心被錯待的記憶時，心就像被摔在地上般的碎裂，自尊就像被撕裂般的殘破。

但再認真想想，以前是不懂得愛自己，以為只要為人付出為人犧牲，就能換得別人以同樣的愛來愛我；在錯誤的認知中，以為愛是一種交易行為，是要換來的，或以為，愛是一種競爭，要贏的人才有。

這些年，我真的沉靜下來，停住好好看自己究竟在愛情中怎麼了，以致不斷的面對失落。慢慢領會後，我慢慢的懂了，愛情的失去是雙方面的責任，不是其中一個人多壞多糟，就必須背負全部的錯誤。在我的愛情中，我看見自己的偏執，看見自己因害怕失去，很用力的掐住愛情，卻在用力過猛中，掐死了它。

我也看見，在愛情中，早期的奮不顧身，到後來傷害多了，我從一個義無反顧熱情的人，變成一個有所保留的人。也從一個很願意相信愛的人，變成一個害怕付出愛的人。這些變化其實都因心受了傷，卻不是我的生命本質，我的生命本質仍然是一個熱情的人，以愛之名，我願意將愛分享出去，散佈出去。

我還看見，過去自己在愛情中追求融合緊密的愛，對方卻可能只是要一份穩定無負擔的關係。不協調的關係，與雙方對關係期待上的落差，讓彼此終究越來越疏遠。

愛情的激情浪漫是愛情美麗的想像時刻，但愛情落入現實生活後，許多的期待、壓力與責任，卻將愛情推向殘酷的一面。「只希望有個人好好愛我」的願望，似乎成了天方夜譚的神話。但其實，愛，是充滿挑戰與考驗的。愛，或許是天上掉下來的禮物，但這禮物要如何延續它的美好，如何使它繼續保有價值，是收到禮物的人需要了解與學習的。

當我從自己的愛戀史慢慢回看，我不意外的看見自己內在對愛的缺乏與渴望，但那缺乏像是破口，即使愛流進來了，也因為破口的存在，而不斷流失，所以，渴望總是無法滿足。

誠實一點說，也許根本就不懂愛為何物。

愛的不足，讓我以好久的生命歲月討愛與索愛，卻從來不知道愛是一種能力，當有愛人的能力時，才能懂愛，關係中才有真實愛的流動，也才真的能滿足。

在愛情中不斷的失落後，終於讓我看清內心的陰影，說著自己一無所有的悲哀感受，與不想承認自己一文不值的憤怒與脆弱。每回面對這塊陰影，那些曾經讓我心傷的話，就像老唱片不斷複誦。以為會聽到的抱歉與後悔，當然也從來沒聽到。

到底在執著什麼？在抗拒什麼？喔！我想，仍在抗拒，自己不被愛、不被喜歡的事實。

我想起，好長的生命歲月，我一直都不確定父親是否愛我。如果他愛我，他怎會不理會我的感覺而常遺棄我？如果他愛我，他怎會不知道他這麼做我有多傷心？

我想，我花了半輩子的時間，在證明我是可以被愛的，我是可以被一個不安定的男性好好愛的。於是，我選擇的男性都有著父親那般飄忽不定，不想給承諾的特性。我常常在等待中慌張，急欲對方給承諾，然後再面對對方想離開的事實。

在愛的關係中，父親，才是我最核心的陰影。他不能給我一個家，他不能給我一份穩定的愛，他不能給予承諾，竟成為我內心相信自己不夠好的陰影。

而這陰影原本好大，大到如隻大猛獸，令我恐懼；又像隻巨蛇，讓我厭惡。我好害怕被吞噬，並且深覺沒有能力面對牠。但這陰影一直來一直來，讓我不得不面對。不只需要面對自己黑盒子中的各種複雜情緒，醜陋的自己，還要面對長久以來的失落與缺乏。

歷經了好幾個月的琢磨，讓自己不斷的看清楚，終於稍微的可以感受到輕鬆，似乎我可以有能力把這隻巨蛇抓起來，端詳清楚。看清楚了，便也看見自己如何的選擇，又如何的反應，以至於一些情況不斷上演。

「越是得不到誰的在乎，越是努力的得到『那種人』的在乎。」

因為始終沒有得到父親親口說愛我，所以總一直努力愛著那些說不出愛我的情人。在陰影的作弄下，我總是選擇像父親一樣孤獨的男人、沉默的男人、陰鬱的男人。花了好久時間，才知道那是我內在的阿尼瑪斯（女人無意識中的男人性格與形象，男性原型），讓我盲目的愛戀，與盲目的想拯救。

我要停止這一種追逐，也承認父親的不快樂與陰鬱並非是我可以拯救的。然後，接受生命的真實，我不需要不斷的努力討好與追尋，為了證明我值得被愛。我可以愛我自己，不願意愛我自己，不需要任何的理由與條件，便能願意愛。我也可以願意相信自己的生命不需要藉著討愛索愛來獲得愛，因為，我身上也具有創造愛的能力，可以慢慢成為愛，並將愛分享出去。

當然，不願意愛我或不珍惜我的男性，我也無須與父親帶給我的失落緊緊相扣。我可以接受那些男性有自己情感的選擇、自己情感歸屬的決定與自己的人生要面對。如果，我們的人生已經交錯而過，就代表情感已停止在某一刻，而當初的錯待與錯愛，就留在回憶的最深處，不需再提起，也不需再注目。取而代之的是，感謝對方曾經陪自己的人生一段路，讓自己的人生因為這些體驗而使心靈慢慢成熟，心智漸漸成長。

與生命和好

神雖然關了某扇門，卻依舊開著某扇窗。這是我生命深深的體會。

在我灰心至極時，帶著生命傷痛的我，尚未痊癒之時，出乎意料的甄試上了心理與諮商研究所。並且，在研究所的同儕中，經驗到了前所未有的滋潤性友誼關係，徹底的挑戰了我對人的觀點，與突破我充滿害怕不安的防衛。

心理諮商研究所畢業時，同學裕仁送了每人一尊《火影忍者》動漫中不同角色的公仔。並附上卡片寫上何以他挑選這個人物的原因。

我收到的是「我愛羅」。我看到裕仁卡片寫的話：「背負宿命的我愛羅和妳一樣有段辛苦的日子，當中的辛酸外人很難體會，但日子都挺過來了，而且，也不再孤單，別忘了夥伴喔！Stand by You. 更重要的是葫蘆裡的力量喔！那是妳所擁有的。」

回家後，我查了網路相關資訊與知識，得到了以下的介紹：

「我愛羅」（GAARA）是日本漫畫《火影忍者》裡重要配角之一的悲劇少年：具有操縱沙之特異能力，且因比同村子裡的忍者更秀異而受敬畏排擠，包裹著極敏感靈魂的堅硬外殼又引導著他極殘酷的命運，使得這名為「只愛著自己的暴戾惡神修羅」的少年總是自覺無比地無助、寂寞，自暴自棄；隨時會爆發的自毀亦毀人能量幾近臨界。

我愛羅是風影的孩子，為了讓他成為最強的忍者，風影用忍術把守鶴附身在我愛羅身上，而這個忍術害死了我愛羅的母親。

沙暴守鶴是一種被封印在燒水鍋中的老僧靈魂，他給予我愛羅控制沙子的力量，但由於守鶴是一種攻擊性的生靈，只要我愛羅精神一鬆懈，像睡著的時候，就會侵佔他的人格，因此我愛羅都不敢睡覺，精神極為不穩定，小時候常無故殺死村裡的人，因此每個人都討厭他。

他之所以還能保持一顆天真的心，是因為他相信他有一個愛他的舅舅（就是他母親的弟弟），他叫夜叉丸，只有他不排斥我愛羅。但在我愛羅六歲那一年，一名蒙面刺客攻擊我愛羅，我愛羅打敗他後，赫然發現此人正是他的舅舅，他的舅舅告訴他其實他恨透了我愛羅，因為我愛羅的出生，帶走了夜叉丸的姊姊，並告訴他我愛羅這個名字的意思：愛著自己的修羅。

由於受到的打擊太大，我愛羅從此捨去所有感情，只愛著自己、只為自己而戰，而且還要靠著殺人來感受自己的存在，其實是可憐的。

後來，他和鳴人打了一架，鳴人告訴我愛羅：「我們是非常相似的兩個人，都曾陷在一個名為孤獨的地獄中，但我已經找到了我十分珍惜的人（即小櫻、左助），所以我不會讓你傷害他們的。」這句話點醒了我愛羅，於是他從此找回了失去的感情。

我被這個角色完全吸引，不敢置信他就如我的生命般，在跌跌撞撞，充滿殘酷與無情的生命遭遇中，不過渴望有一份真實的愛與接納。

當下，我索性打開電視尋找是否有播《火影忍者》卡通，剛巧有電視台正在播映。我看到的那段是我愛羅戰死，村裡的老忍者以忍術用自己的生命換回我愛羅的生命，並交代嗚人：「我愛羅的痛苦只有你最懂，因為你們有一樣的遭遇，幫助我愛羅，他需要。」

而即將從死亡中甦醒的我愛羅，在迷濛中看見有一雙手來拉他，一看以為是自己的手，很沮喪，心想：「原來還是只有我自己。」

就在這時，嗚人的臉浮現，告訴我愛羅：「我們在你旁邊。」那一刻，我愛羅感受到友誼，心裡柔軟了，因為有愛注入。他不再是人見人怕，人見人惡，並且需要靠痛殺別人來感受自己存在的人。

我看到這一幕，便徹底明白裕仁所要表達的：友誼、信任，和愛。

我也明白了，或許我仍然是一個人單獨的存在，卻已不是只能背負著自己宿命，一個人辛酸過日子而十分孤單的人。我的身旁確實有許多親友，雖然不是最親密的至親，卻以一種特別的方式，讓我知道他們的愛。我可以感受到有人真心的關愛與扶持，雖然苦楚很難被完全懂，但面對許多事，我知道我不再只是一個人。

這些情誼，讓我重新經驗這個世界。因為被接納，被相信，被靠近與理解，我的生命變得不一樣，就像我愛羅接受嗚人伸出來的友誼之手。

我也開始懷抱希望，相信自己可以將這場宿命改寫出不一樣的劇情與結局，可以活出不同的生命風貌。

我相信，某一個改變的契機是，我開始願意重新相信他人，願意不再因著要保護自己免於受傷，而拒絕靠近別人。

在改寫故事的結局之前，我選擇先接受了自己過往的生命經歷，那不只是理智上的接受，也是情感上的接受。事實已然發生，我無法改變，但我能做的是接納自己的生命，「這就是我的人生」，而不是別種樣子的人生，這確確實實就是我的生命足跡。

這不是忽略自己受傷的情感而不得不的接受，而是我願意為自己往後的生命狀態負起責任，過去的，或許或多或少不是我能掌控的，也不是如我所願，但從此刻起，如果我的人生想要解苦止痛，如果我想要活得自在與安適，那麼，現在就要開始，我要承諾成為我自己最重要的照顧者與關懷者，回應自己的需求與渴望，也重新學會善待自己。

那些傷痛或許早已找不到罪魁禍首，或許，根本沒有罪魁禍首，而是大環境小環境的無奈與貧瘠所造成的。追根究柢為何會發生這一切噩耗，並不能獲得任何可接受的解答，唯有鍛鍊更大的胸懷寬容這一切的發生，並且試著理解每一個生命的難處與不完美。

而那失落的，痛苦的，傷懷的，脆弱的自己，只有愛，可以承接，可以療癒。我還願意愛我自己，我還願意相信在生命的最初，在我還未接受這些傷痛以前，我是單純的，完整的，沒有傷痕的生命，我是純然的愛著這世界。

我願意回到那純然的愛中，回到對愛的相信。即使愛，曾讓我淚流滿面。

從生命深層的內在開始甦醒，開始呼喚我面對內心陰影與靈魂的缺憾，歷經了十年的歷程，我終於感受到自己真實的長大，成為一個不再弱小與恐懼、無助的受害者，並且，開始邁向讓自己完整，不再碎裂的道路。當我正式開始踏上心靈療癒工作的路上時，我做了一個富有隱喻的夢：

在夢裡，我步行在類似捷運的地道裡，黑暗地道到了某個交會點就從此分為兩個世界，走出地道後，是一片明亮的地方，有強烈陽光照耀，也有藍天，萬里無雲，好晴朗。這是我睽違已久的光明。就當我走出地道，舊的我突然倒地死掉，死掉的我的屍體，立刻分化出另一個一模一樣的我活過來（夢中新生的我是金色短髮，穿著緊身太空裝，像是《小飛俠》卡通中珍珍的衣服）。活過來的我知道我回不去那個死掉的我的黑暗世界，然後我蹲下去吃掉死掉的我的屍體，我把那個屍體吃得血肉模糊，然後還啃食著骨頭，直到我把那死掉的我吃完，我才往前走，走向另一個新的世界去。

這個夢，無疑把舊我與新我之間的轉化與協調，做了深刻的比喻，新生的我改頭換面了，但那不是切割過往所獲得的。舊我，在行走了很長的黑暗隧道後，就像死了般，新我已無法再以過去的形象或狀態再走下去。在這第十年的分界點，我長成了新的一個我，但這新我的內在，仍有舊我的存在。新我將舊我吃進，嚥下，消化掉，象徵了整合的過程與結果。

這樣的整合，讓我感受到我與自己之間的和解，我願意容納進舊我，願意接受自己過去的黑暗與陰影之處，我看清楚那片生命的黑暗所封藏的東西，生命的整理，讓我不再是一間年久混亂與骯髒的倉庫，而是一間井然有序，可以安住的空間。

當我能夠與我自己的生命和好時，我的生命，我的心才能柔軟下來，待人接物才真的能夠溫柔以對。我不需要再以「要強」來確保自己的生命是安全的，不會遭受危害的。我看見，我確實有強的本事可以存活在這世上，但不需要以強的姿態存活在這世上。

我可以因此相信與這世界，與他人，我有能力建立良善和諧的關係。這不代表，我會軟弱的承受別人的攻擊與危害，而是我相信，自己可以負起保護自己的責任，也有能力阻止傷害我的事發生。因為有了對自己的這份信任，我不需要再以張牙舞爪的姿態，與倔強的氣勢，來與環境抗衡，與他人敵對。

當萎縮與枯竭的心，慢慢的注入了愛的能量後，漸漸有了溫度。因為獲得了許多不同來源的撫慰，我也有了勇氣，可以再愛，再付出，再感受。可以不再帶著暴戾之氣防範著別人。我相信了，這世界仍有光明與溫暖，更相信這世界有愛，有療癒。

過去的成長環境，不是我能主導，那或許有太多無能為力，但當我有能力後，我願意去創造一個有愛的環境。無論過去遭逢多少人的惡待與傷害，或承擔過多少的惡言惡語，我不認同那份惡，也不讓自己成為那份惡，來惡待他人與自己。這是我給予自己的承諾，我不會因著別人或環境的傷害而再多加傷害我自己。

我相信，唯有我有愛自己的態度與能力後，我才有力量愛這個世界。我們不可能給出我們自己也沒有的東西。而當你的生命因愛的流動而感覺到完整時，你所給出的不是控制，不是要脅，不是索求，不是衡量，單單的，只因為愛。那愛中，有成全，有尊重，有疼惜，有慈悲，有理解。那愛，是可以使人、使自己更好，活得更完整的滋養與祝福。

我感覺到，我的生命裡，正有這樣的活泉源源流出，且我深信，那是愛。

第三章

活出完整，活出愛

總有一天，
我將在另一個世界的晨光裡對你歌唱：
以前在地球的光裡，
在人類的愛裡，
我曾經見過你。
——泰戈爾

因為愛，有了力量

因為愛的與日俱增，我漸漸的感覺有力量接觸自己，深度認識自己與了解自己。

我發現，許多感覺是日積月累的，一個小小沒有處理好，沒有處理完成的早年情緒，會連結成一個牢固、難以改變的內在運作模式，包含著對自己的看法、對生命存在的解釋，與啟動熟悉的負面情緒樞紐。

所謂負向情緒其實該是中性的意涵，不該有價值喜好判斷的，諸如憤怒、悲傷、無助與脆弱。人生有悲有喜，高低起伏。神不僅賜給我們歡笑也賜給我們眼淚，若人生只該有歡笑存在，那釋放人類傷痛的眼淚也就不需存在了。

我們的社會給予負面情緒太多批判，唯恐自身帶有任何負面因子，遭到他人的厭惡與輕視，也顯出自己的無能與軟弱。許多時候，我們的痛苦也多來自於此，我們不願意承認自己的無力無助，也不願意讓人看出我們不堪、不好的一面，總要花許多力氣去否認自己具有的這部分，極力擺脫這些損及自尊與價值的感覺。

其實，我們是害怕不被尊重與不值得被愛的感覺。

許多人害怕負面情緒，因著不能接受自己有這些不怎麼舒服的感覺，費了許多力氣要把這些感覺丟掉，心裡根深柢固厭惡這些脆弱又無能的感覺，於是膨脹自己，用誇大的強者姿態去批評與指責周圍微小弱勢的人，以鞏固自己是有能力與優越的形象。這樣，他會覺得沒有這麼難受，也會覺得自己生命不是一無是處。

幾經琢磨，我知道了，能與負面情緒共處，能接納自己的黑暗面，能包容自己人生裡的低潮是一種能力；很重要的能力。這能力比去說服自己「應該要永遠樂觀積極面對人生」還重要。因為人生有太多不確定的時候，你無法掌控該發生哪些事、不該發生哪些事，你也無法每時每刻都清楚知道自己該做些什麼、能做些什麼。這些情況都將使你產生許多不好的感覺。

負面情緒和正面情緒都是環境與我們個體互動之後回饋回來的訊息，為著要告訴我們互動的狀態如何、或者我們是否需要改變什麼、或增強什麼、維持什麼。

我不斷嘗試洞悉自我的情緒並掌握自我的感覺與思考脈絡。跌跌撞撞後發現原來負面情緒只需要一個「承認」，我們就不用活得這麼辛苦，掩飾得這麼辛苦；承認自己悲傷、承認自己失望、承認自己挫折也承認自己軟弱與害怕。你一定很難相信，真的這麼簡單？只要一個承認？

是的，只要承認了，接受了，負面情緒就會被你的包容化解了，不再需要激烈的排斥與去污。

只是，往往最簡單的事，就是最困難的事。

誠實承認、接受自己的負面情緒，可能會招來周遭人們的譏笑與嘲諷，他們也可能不知怎麼面對你的負面情緒而選擇逃避，他們更怕要為你的負面情緒負責，所以他們會要你壓抑那些感覺，不要提起，不要討論，也不要想。若你堅持要探一探究竟，可能還會招惹人的厭惡，覺得你在控訴他們。

若身邊沒有人能承認你的狀態，沒有人接受你敏感覺察到自我的糟糕情緒，並想要處理時，你是不是還有足夠的力量承認自己的感覺，然後為了這些感覺負起照顧的責任呢？

用心的照顧這些感覺，明白這些感覺、理解這些感覺，然後學習與這些感覺相處，給這些感覺接納與包容。

我們都很熟悉如何拒絕與否認這些不喜歡的感覺；努力的表現好的那一面，小心維護，不讓人看出一點破綻，絕不放鬆。

不然，就發展一種得理不饒人的氣勢，如果誰有絲毫差錯，一定展開批評與攻擊，並彰顯自己的正確與優越。越來越多人很少聽人說話，只要別人聽他說話，因為他相信搶得發言權，別人便無機會批評、反駁他，他便確保完好的形象。

或許，讓別人啞口無言可以暫時博得勝利與優越，但這只是讓人與你保持距離。當越來越多人與你保持距離，你的世界也將無人能靠近。到頭來，你仍會覺得不被了解與不被喜愛，也更覺得這世界對不起你。這真是一個死胡同的遊戲，不是嗎？

這衝突因你無法承認自己有脆弱無力的感覺，不想像弱者一樣的無助，與需要協助。

那些糟糕的感覺，需要我們好好看清楚。那些糟糕的感覺常來自一些突如其來的傷害，和一些意料不到的事。

從最早的記憶，在我們心裡會記得那些害怕與擔心，似乎若沒有順應著要求將無法生存。你會讓自己學會察言觀色，學會做什麼事較能得到他人讚許疼愛。但其實有個聲音，一直沒有消失，你會告訴自己，若你做不好，不夠聰明靈巧，這世上不會有人喜歡你，愛你。

那感覺真是太糟了，必須花盡心力去獲得一些可以存在的認可，獲得人們的喜愛，以為這樣的生命威脅才會減少。

好長的生命過程中，我覺得自己的生命是不好的感覺一直持續被我自己驗證。我聽過太多人說我是一個累贅，大家一見到我就想到我的父母親沒有能力維持一個好家庭的面貌。我為著別人可憐同情的眼光與輕視的反應瞎忙，不順利時，以為如果自己不存在，似乎一切就都沒有問題了。

不被看重與覺得自己是失敗的產物讓糟糕的感覺如滾雪球般越滾越大，我抵抗不了別人的觀感，卻又必須倚賴他人才能生存，我不能說出自己的感覺，免得又落入不乖、難教養的孩子與渾身是劣根性的評語。漸漸的，我花加倍的力氣和這些觀感抗衡，我不想讓人看見我的受傷與軟弱，不讓人以為可以傷得了我。

只是，憤怒與懼怕在我心裡有如毒瘤啃噬著我的靈魂。

那是對環境變化與人生處境的無助無力，我懼怕這景況會無邊無盡，憤怒自己無能，不能阻止一切的發生。我看不到當初的自己只是個小孩，面對一連串的挑戰與衝擊，只好選擇討好與失去自己。

過去的我生活過得太辛苦，外在順應著別人，內在卻壓抑著過於順應而產生的不平衡與委屈、憤怒，內外失衡的情況下，我的心情負荷總是過重，但捫心自問，那絕對不是我喜歡與想要的人生。

當我終於能長出慈悲的力量對待自己時，我才明白，不需再這麼辛苦的支撐，不需再面對那些傷害，也不需陷在犧牲與無助的角色裡不斷的自我虐待。

過去無數個夜裡，我對人生感到無望，心中泛起莫名的恐懼，那些聲音恐嚇著我會有更不好的事發生，我無法掌握什麼，只能任憑命運摧殘。但後來我知道了，人生的確無法掌握什麼，但如果我把掌握自己的能力也交出去，我就真的無法掌握什麼，也會徹底的失去力量。

所以不受情緒掌控，影響你帶著情緒的眼睛看世界，也不要讓一種情緒佔滿你的心，這樣其他的情緒便沒有空間進來。最好的方法，是認識情緒，且是各樣情緒，你可以辨認出它們，還能叫出它們的正名。

想像一下，當認識了它，並叫出它，再加上懂得它，知道它的需要時，它也就不會傷害你，反而想維護你，提醒了你不少事。這樣，情緒會成為一種生命能量，豐富我們的情感，在我們生命裡自在流動，不會再使我們受到綑綁，覺得受到懲罰。

生命之主既然創造了人類能有所感覺，不僅是能思想而已，我想生活就不會只需要靠理智思考的部分就能獲得幸福。人類因為有情感，才能接收來自親人友人的愛，也才能深刻體會到面對人生情境的各種真實感覺。

我們的社會有好長的時間避談情緒，保守含蓄的看待各種情感，也羞於表達，這種文化下人們以為情緒情感是不好的，處理問題一切應以理智為基準，談情緒；正視情緒是不必要的。遇到衝突、遇到困難與問題，人們很快的分析問題，想要盡快的解決問題。

但慢慢的，在助人工作中，我得到一些經驗，我看見許多家庭的問題、醫病關係的問題，無論如何分析，想出多少辦法都無法順利解決，因為欠缺了情感，漠視了人具有的複雜情感的事實。因為安撫不了情感，洞悉不了情感的渴望與需求，終究只是在試著用想的，想出一個方法與該怎麼辦。

人與人之間，也慢慢的不再親近，甚至，可說是冷漠的，無法彼此同理與諒解，也失去了感情的流動。

不管專業人員或者一般人只顧抱著腦子清晰歸類、推論出一堆策略一些理論，但那樣機械式的處理模式只適合運用在邏輯推理的工作上，卻不適用在充滿變化與差異的人身上，太會講道理說道理，情感沒有交流，人與人之間無法連結，也無法分享，更形塑不出意義。

如果我們易於感受到情緒，深感到痛苦，那就用心探索這一切的來源，這可能來自於環境的塑造與影響，也可能來自於天生敏感的氣質，如果這是與生俱來的，我會珍惜它，並讓它化為生命的助力，幫助自己體驗生命、接觸生命，不讓它成為體驗生命創造生命的阻礙。

我深深了解讓負面情緒破壞體驗生命美好的窘困，也深知對一個人成長的影響，那種永無止盡的折磨，會令人聯想到毀滅，好似除了毀掉自己，無以解決。

如果我們能對情緒的發生有更多的領悟，對情緒的運用有更多的心得，那麼，會發現一個非常簡單的道理：往往情緒的發生，來自於我們看自己的眼光。當你看自己覺得美好時，你看世界任何一處都會覺得美好。當你看自己覺得挫敗與差勁時，你到再美的角落，看到再美的風景，你也不會感動。你對世界的看法、解釋，常常反映自你的心海浮出什麼影像，是美好的，還是醜陋的，是新奇有趣的，還是了無生趣的。

更多的時候，它也反映了我們與自己的關係。你若愛自己，你所在的世界便依然可愛；你若不愛自己，厭惡起自己，你身處再好的地方，也感覺世界的灰冷無情。並且憎惡與嫉妒起別人的生命狀態，以為只有自己最為受苦、最受難。

當然，人生會有挫敗的時候，或許是別人認為，也可能是自己認為，總有那個時候。我嘗受過不少挫敗，做任何事，即使別人看到我是多麼自信、明亮、開朗、歡笑，我都有挫敗的時候，也可以說是一路累積挫敗。挫敗的確不好受，挫敗讓人想要攻擊，挫敗會讓人想藏匿起來，這都是過程。但我相信，挫敗還有一個美好的意義——知道美好的事、美好的感覺得來不易，所以要珍惜。要是人只有成功，不會失敗，不只無法學習新的經驗，也不會知道一切要呵護，要謙卑以待了。

當我們還小時，情緒總是快速來去，讓人不知為什麼，但無妨，孩童的情緒太容易被轉移或制止住，可能一個人扮鬼臉，與你玩個遊戲，就暫時被忘記了。

但現在的我已成長，成為一個成熟的個體，學習成為真正的自己，那麼情緒的來去我可以有能力了解，可以迴轉向內心找尋過去相關的情緒記憶，連結並發現隱含的癥結，我也可以發揮在更多的創作上面，將它們昇華，化為美麗的事物，分享給別人讓許多人感動，也讓這世界的苦難多些安慰。

我相信分享會讓人的生命激起更多絢麗火花，這也是生命需要的重要感覺，值得好好的經驗，好好的體會。

回應苦難

走進心理諮商工作的我（但我較認為自己進行的是心靈療癒工作），其實知道在現在的社會，這仍是一種讓人一知半解的工作。我的親人朋友很喜歡問我的問題是：「有效嗎？人家來找妳談談就會好了嗎？」

我會反過來好奇什麼是「有效」，什麼又是「好了」。這是醫療觀點的角度在看疾病與治療之間的關係。這個假設是，如果一個醫師厲害，那麼他「應該」能有效的治療疾病與症狀，至少要讓人不再有問題。

也許，被歸為醫事人員的專業工作者很難不被這樣期待，要能有效的協助求助者，要能為其解決掉困擾的問題，最基本的，我們在努力的，是如何使人能「健康」。

或許提供專業知識與技術的我，可以有不同的面向與角度來協助人處理困擾他的問題，但對我來說，問題是其次，「人」才是最重要的。而什麼樣的人會來求助呢？其實，就是「痛苦中的人」。各式各樣的痛苦，各種人世間存在的傷痛，都會在我眼前出現。我時刻要回應在苦難中的人，而這樣的回應不僅是理智上的分析，而是更能從情感上與其情緒共鳴，深刻的理解一個人苦痛的源由與心靈上所遭遇的折磨。

有時，就像偵探一樣，需要陪著當事人抽絲剝繭，陪著當事人探尋內在不為人知的心理動力與早年壓抑的傷痛，如何在潛意識層面影響著我們的起心動念與任何的行為。但大部分的時候，我看見的是憂傷的心靈，如何在人生處境裡掙扎。這些憂傷的心靈，承受著生命長久以來的重擔與各樣的難關。

助人工作這幾年的經驗告訴我，心理工作的專業不在於多會說，多有辦法教痛苦結束，或多會勸一個人改變。而是，心理工作的專業在於能「聽」；聽到弦外之音，聽見心底的真實聲音，聽懂傷痛的靈魂的吶喊。

這世界說話的人太多，而願意傾聽的人太少，願意聽懂內心聲音的人更少。

我相信，因為我的願意「聽」，改變了我和他人的關係，也改變我和這世界的關係。「聽」，讓我的世界變多元與寬廣，知道生命都有屬於自己的獨特故事。「聽」也讓我和別人形成連結，知道身為人其實都有共同性的經驗，我的人生經驗並不一定全然孤獨。「聽」，也讓我可以深入痛苦經驗，體會人的情感與力量。

無論那是什麼樣的失落與傷痛，我都看見與聽見人，好努力的承受與因應。在這個世代，大環境與小環境都有劇烈的改變，我們其實已活在一個不適合生存的環境，卻也拚了命的生存下去。這樣的環境，不僅讓彼此所造成的傷害變多，也讓我們的身心靈不停的被侵蝕與破壞，難以平衡與和諧。

人。

而對人世最主要的破壞，我看見了人越來越難以同理，也無法慈悲的善待自己與他人。

或許集體潛意識的影響，在台灣這塊土地上的人民，好怕輸，好怕被輕視，也好怕自己是差與弱。台灣這塊土地上的人民確實如歷史學家及文化工作者所言，是由一群「失敗者」共組的社會。屢次因為戰敗而被割讓的土地與人民，與一群流離失所，失去原鄉的國軍與眷屬，無論是哪樣的情況下停留在這塊土地，內心都有一處無法碰觸的悲傷所在。

為了要強，要擺脫弱與失敗，這塊土地的人民，努力的奮發向上，在奮發的過程中，為了生存，為了成功，不惜犧牲與掠奪他人，他人不再是值得細細思量與用心對待的同類。

人們已忘懷內在對愛的呼喚，也忘懷愛的本質。我們甚至對生命本質的了解也都扭曲了，以為人生只在於獲得成功與讓人瞧得起，於是，努力的學習各種討好的功夫、敷衍的功夫與偽裝的功夫。

我們不再關心人的所思所感，也不再有途徑可以進入深層內在，與自己共處，與他人共處。

慈悲與悲憫在這世代是被鄙棄的，分析與評斷在這世上才是被高舉的。

如果只有分析與判斷，人終究不會獲得力量。因為情緒是力量，強大的力量。只有能掌握情緒的人，才能掌握力量。只是分析與評斷，人會切割自己，也會活在某一種固著的框架中，只求「對」與「無誤」，卻不是活出生命，活出熱情。並且，活在怕出錯的恐懼中，忘了人與生俱來的創造力與療癒力。

當我開始踏遍台灣各個角落關懷人生命中的失落與苦難遭遇後，我常被許多人詢問：「妳收這麼多情緒垃圾，這麼多負面能量，妳都怎麼自我處理？妳不會被淹沒嗎？不會也很負面嗎？」

聽到這樣提問時，我腦子在想的是，何以人這麼怕碰觸情緒？又何以情緒被視為垃圾？我再想，何以進入一個人混亂與佈滿塵埃的內心深處，會是一件這麼令人恐懼的事？這些內在，或許確實有許多雜亂及久未清理的堆積物，但不意味這些堆積物都是毫無價值與不可使用的垃圾。所謂垃圾，不就是人們視為髒、沒用與多餘的東西？但對於會利用所謂垃圾的人，他在垃圾中，看見的會是資源與可創造其他價值的好東西。

所以，不在於東西本身究竟有沒有價值，而是使用它的人，會如何看待與運用。

那些人們避之唯恐不及的傷痛與痛苦情緒，對於我來說，都是人們為自己生命掙扎的跡象。人們臉上的淚水，讓我看見在他們內心深處的渴望與呼求。環境，或多或少都有不利於人生存的所在，任何想像不到的傷害都可能在這世上發生，這是人不能否認與迴避的真實。但即使傷害不少，傷痛也真實的存在，我仍看見人有著不容易的承擔力在面對生命的無情風雨。並且，試著再站起來，重新跨出人生的腳步。

我總是在這當中，看見人長出的勇氣與力量。

於是，陪伴痛苦的人，對我而言，是領會生命為何最深刻的學習。

在痛苦的人面前，我從來不是拯救者，也不曾當英雄或超人，想著如何將人救離苦難。我深知，所有的苦難都是當事人沉重的包袱，恨不得卸下。然而，包袱仍屬於當事人的，在陪伴時刻，我與他一同扛起這沉重包袱，試著將包袱的重量減輕，或者讓對方休息片刻，試著在對方無法自救時，扶持他。可是，我不可能將對方的包袱拿來扛在自己身上，以為那是屬於我的。當我們交會過後，我們都必須再拿起自己的行囊，往前走。

從事心靈療癒工作，不是將自己視為神，也不是將自己視為打擊痛苦，為人們帶來幸福快樂的救世英雄。而是，因為清醒的知悉苦難真實存在，傷痛也真實存在，而願意不撇過頭去，不假裝這世界無傷無痛，然後，沉穩而耐心的處理心靈傷口。在這些時刻，心靈療癒工作者是謙卑的，對生命。他知道自己的有限，知道這世界的有限，也知道人的有限，但是，心中仍存有盼望，相信人可以回到生命的最初；完整、單純與美好。更相信，人最終要因為苦難而成長，而超越。

我所陪伴的當事人感受到的是我身為人，身為同類最真摯的陪伴與尊重。他們不會對我有過度的想像與期待，於是他們不會亟欲攀附我，因為我不是浮木，我是另一個也浮沉在人生裡的人。也許我們會因為這樣的相遇，感到同舟共渡而較不孤單，也許我們會交換一路上的心情與心得；關於浮沉人生的一切。

我也相信，人能再站起來，依靠的終究是自己的力量，與自己堅定的信念。每個人都是他生命中最重要的主人，與最了解的專家。

只是，我也看見人們懼怕於進入內在的空間，拒絕接觸真實的自己。或是把真實的自己鎖在心房裡，以為只要鎖得牢固，就不會被人瞧見那個不好的自己，有殘缺的自己。於是，他人始終看不見那個隱密的空間，也無法進入那空間，人與人的接觸只剩表面，那個最私密的自己，連自己也拒絕碰觸。

有時候，怕一碰觸，那深層內在就像潘朵拉的盒子被打開般，跑出太多可怕的情慾、情緒，也怕跑出太多不可收拾的慘烈後果，擾亂了一池好不容易平靜的心湖。

「只要維持心湖表面的平靜就好」，許多人如此選擇。於是湖底下究竟有什麼，始終不得而知。也因為如此陌生，心湖底下的資源與豐沛的能量也就忽略了。

只靠硬撐與拚命對抗，是無法使痛苦安息的。痛苦要的是接納與理解，還有陪伴與關愛。但往往最難的也在於此。早年為了生存，人多採取切割情緒感受，依靠強大意志來讓自己撐過熬過許多難關，不論是勸說、說服或是講道理，大多以強力壓制的方式控制住情緒，不讓情緒壞事，也苛責情緒的發生。在所有難關一關過一關之後，人更相信這些方法是管用的，於是在不知不覺中，更是以強大的意識控制著每一件事的發生，不讓事情有任何一點意外的可能，所有的事情都該在掌控中。直到，發生了一件超過自己可以掌控的範圍以外的遭遇（一個真正打擊到自己核心價值與核心信念的事），發現無論怎麼做，怎麼努力都無法挽回，也無法抹去這些事實的發生，這時候，人才終於倒下，在倒下中，深刻體會到自己的脆弱與渺小。

但即使已倒下了，人仍然無法對倒下的自己有任何的理解與撫慰，反而苛刻的指責，充滿不屑的批判著自己：真是沒用，真是讓人看笑話了，真是差勁……

過去，人因著強烈的自我要求與絕不放鬆的意念讓自己渡過無數難關，弔詭的是，在痛苦的遭遇中，卻也因著這些習性與已形塑許久的生存模式而加倍辛苦，過去的生存之道變得不管用了，就算知道有需要改變之處，卻不知從何開始。排山倒海而來的，是無能為力與不斷貶抑自我的負面情緒，抨擊著自尊與自我價值。

而此時，善的力量蕩然無存，生命中的光也越來越黯淡，只剩無助的恐懼，與隨時會吞沒生命的黑暗，徹底的失去掌控，也放棄了任何趨近光的可能。

但終究人是要走回光中，因為我們的生命是從愛與希望而來。我們終究要知道如何從黑暗中贖回自己的靈魂，點燃自己的光亮。

走回光中

有人說，人死時，靈魂離開身體後，會歷經一段旅程，這段旅程會帶你的靈魂到你該去的歸處。你可能會看到一道白色強光，這白色強光讓你無法直視也無法靠近。但如果你帶著勇氣與信心穿越強光，在強光之後，你會被充滿愛與溫柔的氣息所包圍，靈魂獲得完全的療癒與寧靜。聽說，那裡，就是愛的國度，天堂。

我並未死過，所以我無法得知是否真有那強光，我也無法得知，穿越那光之後，是否真有愛與療癒力量擁抱我的靈魂，讓我得著安息。但這個說法，很能隱喻我進入臨終病房場境後的生命歷程。臨終病房的死亡、悲傷與痛苦像是那道白色強光，讓人無法直視而想避開，也讓人恐懼靠近，但當我真的穿越那道強光後，我的生命被愛與充滿療癒的氣息包容，讓我的生命從此不同，我不僅獲得關於生命的領悟，更體會到了生命真正重要的事。不誇張，我的生命因此被改變了，那是我認為很靠近天國的時刻，經驗到生命的絕對奧妙。

而這份經驗，持續到現在，一直是我行走在這現實世界上很重要的指引，我的生命方向正朝往一條活出完整也活出愛的路。我確實感受到，我的生命有好長的日子被黑暗所籠罩，沉重的痛苦感受讓我輕鬆不起來，也難抱任何樂觀的希望。

但是當我完整的再看一遍，我發現，曾經，在這個現實世界所遭遇的經歷讓我無力招架，深感疲憊與挫折，但也因著這些遭遇，讓我明白如何突破限制，也讓我明白生命的豐富並不完全建立在物質條件上。從不斷失落中，我漸漸懂了，生命可長存的事不在於成就與物質財富或是地位頭銜，而是對愛的體會與相信。有豐富愛的人，是最富足的人，因為他將感受到所擁有的，是真實的滿足。若愛是真實的，即使所愛的人消逝，那愛，依舊會在。

置身在黑暗之中，容易遺忘光的存在。讓人以為黑暗才是常態，認同了這一份黑暗，也誤以為黑暗就是這世界的全貌。但光，始終是在的，反倒是被拒絕了，人們害怕光照見了我們堆積許久已腐爛發臭的生命內部，也怕被照見不願意面對的混亂髒污。於是，光被阻隔，用了強硬不見縫隙的銅牆鐵壁阻擋任何光的照射。如此一來，內心的密閉空間只熟悉黑暗，只允許了黑暗的存在，然後摸著黑過著寸步難行的日子。若是生命長期在黑暗之中，即使有一天可以重見天日，也會因為對光的畏懼，而寧可回到黑暗之中，並且告訴自己是不屬於光明世界的人，還是回到黑暗世界吧！

過度強化了自己的無從改變，以強大的能量鞏固所認定的一切，即使知道哪一條路會使自己更好，可釋放束縛綑綁，也不准許自己自由、改變。

過去的我，正是深信如此；我將終其一生活在黑暗之中，忍受黑暗中的淒涼與孤寂，和黑暗中長久不得解的怨恨與愁苦。也許這樣做，才能證實自己是不配獲取幸福與愛的生命，才能符合自己是可憐與不幸的生命腳本。

直到我被臨終病房場境裡，死亡的強光照射，生命長久的黑暗被驅逐，才得以看見了內心暗處一直鎖著一個失親無依的小女孩，臉上盡是哀傷，與莫大的恐懼。她對生命失望，對世界失望，也對周圍的人失望。她極度寂寞，也極度驚嚇。她內外在都受傷，卻沒有人為她的傷包紮與敷藥。

要帶內心的小女孩重新見光，並不是容易的事。她的視覺已不習慣光的存在，而見光，會讓她害怕自己的不美麗與不好看被唾棄與嘲笑。她深信不疑自己的可笑與可憐。

我必須要給予絕大的耐心等候她相信我看見了她的存在，並願意不再遺棄她，負起照顧她的責任。我與她的接觸過程，是帶著愛與力量，給出一份堅定的承諾。我需要花很多的時間，慢慢的讓她信任我。過去或許我也用錯誤的方式對待她，但被愛療癒後的我，已清楚的知道那不是她所該承受的對待，無論她有沒有被誰所愛被誰所在乎，都不會因此失去我的愛與在乎。

小女孩必須相信，光的存在不是為了要批判、傷害她而存在；光的存在，是為了讓她被看見，可以領她回家，好讓她看見生命的歸處，看見心裡的路。光的存在也是讓她可以因光的溫度而回暖。如此，她才能接受光，不迴避光的進入，然後接受引領，重新走進光明世界。

對我來說，光的世界，亦是神靈的世界，是充滿愛與療癒的世界。生命的源頭就是從那兒被創造。在所有生命被創造的最初時刻，都是純淨與充滿希望的靈，來這世上，是為了藉著這一個肉身，體會人生的處境與各種情感，並學會超越、突破與成長。而最重要的學習，乃是關於愛的一切。當生命誕生，我們學習領受愛；當生命成長，我們學習付出愛；當生命成熟，我們學習分享愛；當生命完成，我們學習成為愛。

沒有什麼比愛，更值得我們人生去體驗。

愛也是一份牽引，牽引著我們朝向光明之處，讓我們不再需要以躲藏過日子或是遮掩，也不用時刻擔心無法真實面對別人、面對外界。當我們可以走回光中時，表示了我們已整合了內外在的我，不只有了統整感，內外一致，還能接受光的照耀，活出有力量、有溫度的生命。

而再回到光中，已不是如過去未經歷過世事的狂妄與驕傲，希求著自我表現與受到關愛的注目。歷經了苦痛與療癒過程之後，再走回光中，生命是和諧與柔軟的。因為如實的走過黑暗之路，因此，知道如何在黑暗之中找到光源，緩緩的離開黑暗，進入光明。

這不僅是我人生的境遇，也是我陪伴許多受苦的人所走的歷程。我們都是從黑暗境地，摸著黑，帶著不確定性，一步一步的尋找光源，找到出口，結束黑暗之期。

這一份感受，讓我有一回夢到，我困在一高塔最上層，高塔內完全無光亮，我必須小心翼翼的找到樓梯出口，依循著旋轉階梯慢慢往下走，好找到出口，走出高塔之外。而當我摸黑在行走時，我發現我身後跟著好多人，也在此時，我看見自己手上提著燈具，雖然燈光微弱，但還算可以看見眼前的景物。因為有這光，我成為帶頭的人。隨著我們摸索方向的過程，我發現，越來越多落單的人跟了上來，使得隊伍越來越長。在步行的過程，夢中的我有一個感覺，我似乎有一個責任帶大家走出這一座黑暗高塔，但同時我知道，這是一個過程，當走出高塔之後，就是大家分開的時候。於是，在耐心謹慎的走完一層一層的旋轉階梯後，我們終於平安走到了地面上，看見了往高塔外的大門。我的手開啟了那一扇通往外界的門，一走出去，我看見滿天星光的夜空，好寬闊與寧靜。

為人渡苦厄的過程，就像我夢裡所表達的意涵，引領與陪伴著人摸黑找路，為人生的苦痛找一個生命的出口。

終究，是要再走回自己的人生軌道；終究，是要再與這世界接觸；終究，要離開黑暗，走向遼闊平靜的境地。

光的存在，在黑暗之中，是一份希望，是一個方向，是一份力量。當生命走回光中，人才能自由行走，不怕遭受患難災害，並相信自己被至善至好的力量光照，永不被遺棄。

趨光向陽是一份生命追求。雖然人生必有陷落時，人生亦有各種傷害與苦難，但不因此就認定自己必永遠活在黑暗中，獨嘗著恨、怨與悲痛。選擇活在恨、怨與悲憤的人，反而是讓苦痛不能離去；緊緊握住痛苦、不要遺忘痛苦，這或許有重要的意義，能讓他人看見自己所受的苦，讓人知道自己被錯待的委屈，得到他人的安撫。但因為過於執著於讓人看見自己的苦痛，苦苦的等待他人的認同與肯定，反而忽略了生命其實可以有所選擇。

人是可以有所選擇的，這是生命被賦予的權利與天賦。是要走向光明，或走向黑暗？這其實是一份選擇。有光的人，才能不怕黑的存在。有光的人，才能相信這世界有療癒也有安慰。

不逃避自由

自由，並不是指自私自利的想做什麼就做什麼的自由，或是成為一個孤立、疏離的個體，與世界的距離既遙遠又缺乏連結。如果這是自由，也是一種負面的自由。

正面的自由，是指每個生命有權利過著獨立自主與完整的生活，並且有自由做選擇與做決定的意識與權利。不僅思想、感情與行動都是自發性的表達，並且充滿創意感，也成為獨立的個體，實踐完整的生命歷程。而個體的完成與潛質上的發揮及實現，將使得這世界更好與更完整。

但自由，雖然人人嚮往，卻不是人人敢於追求，那是需要付出相等代價的。

早在上一世紀，社會心理學家佛洛姆就告訴我們，人們有逃避自由的傾向。自由的代價是需要完完全全的負起選擇的責任。當你有自由做出選擇時，你必須為自己的生命的後果與結果負起最大的責任，無從怪罪別人。而當我們為自己做出選擇是悖逆了社會主流價值時，內心的焦慮不安，會讓我們以為失去了安全的依附與歸屬。

我們害怕，可能因此失去親人、朋友或社會的認同與評價。

要為自己的生命負起最大的責任，這是長期依附在大社會底下過活的人，恐懼的事。

我們的內在是如此脆弱與無助，如何為自己的存在負起最大的責任呢？又如何有可能完成獨立自主又充滿創造力的生命呢？

因此，即使我們活在一灘死水中，活成一大塊爛泥，或是整個生活狀態再糟糕不過了，我們都不見得有勇氣做任何的改變，有勇氣做出一個出於自我覺醒與對自我生命滿意與否、願意負責的決定。

我們仍傾向放棄這份選擇的自由與做決定的自由。如果我們放棄，我們可以將生命的不滿意與糟糕，或是停滯，或是無奈，怪罪任何我們身邊的人。可以怪罪我們的父母沒有給足應當給我們的，常讓我們生命不快樂；也可以怪罪我們的伴侶牽絆著我們的生命，讓我們生命只能無盡的受折磨與愁苦；也可以怪罪我們的孩子，不順我們的意，不符合我們的期待，破壞我們對人生的期待與美好想像。

我也是在這樣的文化制約下長大的人。學會的東西，大部分是怪罪別人的牽絆，與受制於別人怪罪的抱怨中。

當我終於一步一步重建自己的新世界，與對這世界的重新信任，並且學會無論如何都願意接納與善待自己，為自己的生命狀態負起最大責任時，我也才長出力量能誠實承認任何重要且親密的關係，糟糕與不堪的收場狀況中，我也有相對的責任。我不再只是受害者，也不再因為害怕社會的批判與指責，更強化自己是無辜的無助者。我可以承擔住理解或不理解的言論，也可以不因為那些聲音而左右我的生命，使我背棄聆聽自己內在的聲音。

我相信，在世事的鍛鍊中，我發展了某些承擔力與勇氣，這承擔力與勇氣讓我不論好的壞的遭遇，都可以面對與接受。我也漸漸的發掘自己的潛能，相信自己身為生命，有許多的可能性與創造力。

當對自己有了信心，願意相信自己可以學習、可以處理、可以突破時，人才可能不怕犯錯，不怕生命中的不完美。怕犯錯，怕自己不完美，將扼殺自己的創造力與可能性。太怕犯錯，會將自己置放在框架中，想著怎麼做才能正確與無誤，如此一來，失去了自由與彈性，也失去了創意與力量。

沒有主體感的人，是沒有自由的。在不斷付出自己，不斷消除自己主體性過程中，不斷的以犧牲自己作為自我價值的來源時，他的行動是不自由的，他的思想與感受是不自由的，他完全被他人、瑣事填滿或取代，他感受著別人的感受、思考著別人的問題、滿足著別人的需要、符合著別人的期待，生活裡完全的沒有自己，更不知道自己是誰，渴望與需要什麼。

沒有自我主體性的付出與犧牲也是一種依賴，推卸著為自己生命負起責任，吸取別人的需要過活，以為如此就是活著的價值。在別人的支配與濫用中，迴避掉思考自己生命如何成長，也迴避掉思考如何為自己生命的想望負起滿足與照顧的責任。

「你要什麼？」

「你真正想要的是什麼？」

「你現在所做的，真的能得到你所要的嗎？」

這三個問題可以為我們的生命負起必要的責任。因為，沒有人可以完完全全的滿足另一個人，也沒有人可以成為別人完美理想的照顧者，那是孩子時期的幻想，我們以為會有一個全能全知，可以完全滿足自己的理想父母，如果我的父母不是，我們可能以為在後來遇到的伴侶或朋友會是，不然，就是不合理的要求著自己該是如此。以至於將別人置放在不自由的框架中，也將自己置放在不自由的框架中，非合理的期待自己與他人該為別人擔負生命的責任。

所有的選擇，都需要付出代價。只有認清這個事實，我們才能將別人選擇後所該負責的後果還給他，也將自己選擇後所該負起的責任承擔下來。如果，我們一直為別人的開不開心、快不快樂負起責任，我們也將會把自己的開不開心、快不快樂的責任推諉他人。

如此，將相互殘害與折磨，相互控訴與索賠。

不惡待自己的人，才能不惡待別人；放過自己的人，才會放過他人；不折磨自己的人，才能不虐待別人。

心中沒有愛能源的人，當然也無法給出愛。若是愛，真愛，那麼在關係裡的付出與滋養就沒有計算與較量，而是一種出於自願，把自己所擁有的部分分享出去，做到合理的付出，是自己願意，也可以給的。

這樣的給，就不會等著對方給予相對等的回報，就不會以對方所回報的，評量自己所做的有沒有價值。當然，內在也不會始終感覺到委屈與不平。

生命的自由，是一份尊重他人與自己生命可以選擇的自由，包括了：接受或拒絕的自由、同意或反對的自由、參與或退出的自由、前進或停留的自由，還有為自己生命選擇方向的自由。

當自己不允許自己可以自由時，便會剝奪他人的生命自由。當自己以責任義務綁架自己時，也會以責任義務綁架他人。當自己以社會主流價值框架自己的生長樣式時，也將框架別人的生長樣式。

所以，有醫生要求自己後代，代代是醫生；有教師要求自己的後代，代代成教師；有企業家，要求自己後代，代代成企業家；有公務員，要求自己的後代也走向安定的公務員之路。我們可能給予孩子我們最熟悉的路，最能掌握的方向，卻不問後代真正的夢想是什麼，他所能創造的是什麼，他的生命是否還有其他契機與潛質。

限制一個生命的自由，控制著一個生命的思想與感受，將使這個生命不再是一個有機體，而只是一個滿足他人想法與價值評價的依順工具。慢慢的，他不再有活力，不再為自己的生命負起責任，不再願意嘗試與挑戰，不再認為自己有能力與權利開創他想要的人生。

「你喜歡你現在的樣子嗎？」

「你從心底感覺到滿足與快樂嗎？」

「你相信生命還有不同的可能性嗎？」

當你發現聽見的是限制自己的聲音與否定的聲音時，你的生命已失去了自由。失去自由，也是一種生命的選擇，而任何生命的選擇，都需要負起責任與後果。

當你不想受情感傷害，就需要接受孤單寂寞的來襲；當你接受兩人關係，就需要面對妥協與合作的互動過程；當你把時間與精神放在某一個焦點上，就需要接受在其他焦點上，你無法顧全與完全掌握。

我常看見人們的貪心，什麼都想要，魚與熊掌都不能捨棄。想要一份情感避開寂寞孤單，卻也要在兩人關係中完全自我，只滿足自己；想要在事業上有所表現，卻也希望符合社會對一個傳統女性的標準與期待；想要父母的資產財富，但要父母不能干涉與要求。

這樣的貪心不是生命的自由，而是出於自我中心，不切實際的妄想。

生命的自由是清楚的知道所有的選擇都有自己的責任，都有相對等的代價，當你願意承擔，你就有了自由做任何能幫助你更好更滿足的選擇。

為愛勇敢

每一個生命的誕生都需要穩定與安全的環境來安心成長。若沒有穩定與安全的環境，就會失去建立安全感與信任關係的機會。

一個生命失去安全感，可想而知，必活在焦慮不安的煩憂中，無法獲得信任別人與信任環境的經驗。他必須時時刻刻為自己的安全與否提高警覺，唯恐一不留心就有危險與傷害發生。

我的幼齡生活成長環境一直更換，又無法獲得父親或母親穩定的保護，難免懼怕依附過程中所帶來的傷害，所以我拒於依附；不喜歡依附他人，也不喜歡被依附。

在成長過程中，我寧可選擇只依靠自己。或是，我心中已做了某種準備，我將會是陪我自己到終了的那個人，別無他人。

依靠自己是最安全的選擇，你不用害怕失去，不用害怕背叛，不用害怕分離。但只依靠自己過活，卻也要付出相當的代價，接受也好，忍受也罷，你都必須面對無以逃避的孤獨，那種絕對自由下的絕對孤獨。你有自由做任何事，但你也必須孤獨的自己承擔、自己體會、自己收拾。

一個人的生活要面對許多生存有關的恐懼，無數次的夢境，我瞧見自己必須赤裸裸的看見自己的無助與焦慮。

有回睡夢中，我夢見和一位親戚坐在一輛列車，像是那種遊樂園的遊園列車上，我和他站著說話，遠遠的卻看見兩團鬼魂從我正前方飄來。我看見他們飄來，越飄越近，近到就在我臉旁邊，盯著我看，我立刻撇過頭去，告訴身旁的親戚往另一個方向看，不要看那鬼魂所在的地方。

那一陣子我正一個人苦惱著自己的生存、背負著自己生活的全部責任，無人可依靠、可理解，就像我的過去與未來。即便在那個當下的我可以在一些環境尋找到類似在遊樂園的歡樂感受，但我其實一直可以清楚的感知到，過去的傷痛陰影，與未來的無所依靠，就像兩團沒有形體，又十足恐怖的鬼魂逼使著我注目。那兩團連結很近的鬼魂，是兩個有所關聯的失落。我想，一個代表我早期的失落，我失去了我的父母與我的家；另一個失落是，我失去了創造家庭的能力，甚至可能性。所以我不僅早期生命失去了家，現在的生命也沒有家。

類似的夢境不斷上演，生命來來回回的往前看往後看，使我不得不意識到自己生命如何孤獨存在，又如何的走向孤獨的未來。

也許，對於有家人的人來說，那是當孩子成年離家，或伴侶過世後才要面對的苦澀孤獨，但對我來說，那是我的生命很早就開始面對，並且需要學會轉化的一種生命狀態。

或許，我可以很快的找一個愛人來成為一體，移轉掉孤獨的恐懼，但我希望我是真實成為完整的人後，才因這份完整而有了勇氣去愛。我始終相信，一個人具有愛，才能付出愛；一個人懂得愛自己，才可能懂得愛人。任何人都無法給出自己所沒有的東西。

建立一份親密的愛，需要許多的冒險，還有許多的學習，這並不是容易的過程。而我也相信，親密的關係是難度高的功課，需要具足勇氣與熱情接受過程中的未知與無法掌控。

我相信，在我未來人生裡，可能和另一個人發展親密穩定的伴侶關係。但我也認為，在這一刻到來前，我需要先學會好好愛我自己，才能在兩人的關係裡好好實踐愛的分享與連結。我知道早期不穩定的依附關係，使我好長一段時間不相信自己會有穩定的情感關係，也不相信自己是會被愛的。兩人關係中，我常感到不安，也害怕被遺棄的經驗重演。

現在，我深刻的了解到，愛，是一份需要勇氣的行動，也是一份有著信任與成全的付出。不是把他人物化，控制別人滿足自己需求，自我中心的擺弄他人。

過去對愛的渴望，讓我以為得到一個愛我的人是最重要的事，卻從來沒想過自己在愛的關係中的責任，從來沒問過自己是否可以為對方帶來幸福。不成熟的自己，沒有力量愛人時，所謂的愛，只是變成一種需求，一種欲念與奪取。

愛裡，不該有懼怕與競爭。

當然，愛不該有恐嚇與控制。

你感受到的是愛，還是恐懼？你付出的是愛，還是控制？誠實的問自己，才能知道答案。

因為早年的傷痛深藏內心，對傷害的敏感，難免會怕再受傷，而拒絕去愛。但沒有愛的生命，等於失去養分的生命，只是枯萎與腐化的等待生命的終止。只有我們不再那麼怕受傷，只有我們相信自己可以創造出新的經驗，只有我們願意學習認識愛、培植愛，我們才能願意去愛。

我知道，我仍持續鍛鍊著我的心，以承受失落與失望，並且不因此感到受傷。接受人生裡必有失落與失望的發生，這是合理的人生，不因為失落與失望的出現而負面評價自己，反而調整自己，照顧好自己失落與失望的心情後，進一步的想想可以再創造什麼樣的可能。

現在的我體會到，心中有愛的人，他的世界就是愛的世界，無論走到何處，他體會到的是愛的存在。內心恐懼的人，他的世界也只有恐懼，任何的愛，都流不進他的世界。分享愛的人，才能收到更多的愛。所以不斷控訴這世界不愛他的人，是不可能得到愛，並將失去越來越多的愛。

如果，我想要活在一個充滿愛的世界，我需要讓自己不怕去愛，愛才能在我生命中滋長。

愛，是種付出。我們怕去愛，是怕所付出的未得著珍惜，反而遭受摒棄與不屑。我們怕去愛，是怕當自己不斷付出之後，發現最後自己空無一物，難以收回自己。我們怕去愛，怕為愛付出的我們，被視為傻瓜與被傷害。

這些怕，將使愛的能量不自由。但若真正的充滿愛，愛是不會被害怕抵擋住的。愛是世界最大的力量，因為愛，即使害怕，即使困難，即使可能會受傷，也能去愛。

愛，就是力量，就是勇氣。

無論是我的親人或朋友，或是我的人生伴侶，我最大的想望就是讓他們感受到我對他們的愛。因為愛，才能在世界的盡頭，或是必然到來的分離時刻，依然被深刻感知，才能使彼此的世界都在愛的包圍下，充滿力量與勇氣。

因為怕，而把愛封鎖，而棄愛於生命之外，是我認為好可惜的事。愛，是這人生最可貴的體驗，也是最美最棒的經驗，不需要言語，也不需要翻譯，愛都能被深刻感受。

愛，不是一種佔有與局限，也不是非要什麼樣的關係才有愛的存在。在現在的生活，我常感知到，許多人愛我。而不同人所分享給我的愛都不同，有著不同形式、不同樣貌，雖然不同，我已慢慢辨識出愛的本質。

愛裡有祝福，愛裡有成全，愛裡有尊重，愛裡有真誠，愛裡有支持，愛裡有保護，愛裡有療癒。

而我也以不同形式、不同樣貌，在不同關係中，分享出我的愛。

因為我能愛，願意去愛，我感覺到生命的傷痛，漸漸療癒，漸漸止痛，漸漸不再是傷。

只有愛能療癒

在深層的憂傷中，唯有愛，能療癒我們，暖了我們的心與生命。

只有有愛的人，能成為療癒者，有療癒力量。

療癒傷痛是條穿入低谷的路，看似暗潮洶湧，危機四伏，卻是最為靜謐與孤獨的路，直接進入生命核心，體會生命的悲歡離合，探問生命的意義。如果只是從外越過，或是繞道而行，傷痛就只能是被擱置，被遺棄，被拒絕的一份生命經驗。

這一趟直接進入傷痛的歷程，是不能假借他人之手，也不能企圖透過他人頂替來轉移的。要療癒傷痛，唯有進入傷痛本身，才能在痛苦之處，重新撫慰，重新理解，重新擁抱，與接納進生命，安放於生命，而不需時時刻刻提心吊膽傷痛將再發生，或是處心積慮的要將傷痛割除。

傷痛的終極療癒，就是不再痛了，反而看見這痛的記號，是一首生命的詩，不一定有道理，卻有豐富的領會與意涵。

只以大腦理智的思考傷痛該如何解決，傷痛是無法平息，也無法療癒的。傷痛，是生命苦旅所留下的痕跡，是人生的經驗。既然是經驗，就是整個有機體，身心靈全面的承受與反應，有想法、有情緒、有行動，有著生理的經驗，有著靈性的經驗。如果單單想以「思考」來解決傷痛的發生，是百思不得其解的，也是離傷痛經驗遙遠的。甚至，是一種拒絕接觸傷痛的表現。

這種拒絕接觸的態度，將使傷痛遭到更大的不理解與排拒。

趕緊想出一些方法壓制住傷痛的情緒，是一種生命生存以來習以為常的生存方式，因為日子還是要過，因為還是要趕緊面對生活的各項要求與需求，因此，不要太顧慮傷痛，也不要停下來問問自己的感受與想法。人在這樣的對待下，漸漸的不再感知到自己，也看不到自己，傷痛，也好似不再記憶深刻，好似有發生又似沒發生了。

一切看起來都平靜，也都過去了，就像風暴過後。

但風暴過後，都有重建的歷程，也需要重新整理家園的時間，何以我們對待生命不是如此？

大家隱而不說的是，怕一面對傷痛就掉入萬丈深淵，一蹶不振，一旦被傷痛的負面情緒侵襲，可能無法終結。大家都自覺沒有力量承擔，於是，用盡力氣克制住自己的，也用盡力氣克制住他人的傷痛經驗。

只有愛，可以讓我們坦誠面對，只有愛，可以承接住在傷痛經驗中的各種悲愴情緒。愛是一份空間，也是一份包容，與接納。

不急著解決傷痛，傷痛，才能真的得到引流與撫慰。

在療癒的過程裡，對人而言，也挑戰人們對「傷」與「痛」的敏銳反應與照顧能力。許多人的成長經驗，所受過的傷痛常是被忽略、被任意對待或被指責的。而不是被關愛、處理與耐心照顧的。無論心所受的傷，或是身體所受的傷，我聽到許多人的經驗告訴我，那是被不以為然，或是被斥責不能提、不該提，不能說出自己痛苦與脆弱的。

許多的孩子在幼童時期在不明的情況下被性侵、性騷擾，大人是漠視，甚至被斥責亂講話、行為不乖才如此；有許多孩子在目睹家暴中過日子，卻被大人交代不准說，變相的要他們不能求助；有許多孩子遭受了至親的死亡與家庭的驟變，是被忽視，也是被制止不能讓外界知道，免得被人同情或貼上標籤。

人的身軀即使長大成人了，不意味真的就具有了關愛與照顧心靈的能力。

而過去被錯待、被忽略與漠視，或是被斥責與被懲罰來處理傷痛的方式，不知不覺中，就內化到我們內在，成為我們對待自己傷痛經驗的方式，繼續以攻擊、漠視、壓制、斥責、說道理、懲罰，對待傷痛的存在與發生。

傷痛的療癒，首要的，必須承認傷痛的發生與存在。不是故作輕鬆匆匆略過，不是左顧右盼不願正視，不是怪罪撇清以避免責任，不是急著恢復平靜而不願再提。

傷痛，若是還在，還痛，就需要接受傷痛還在，還痛。別試著和傷痛對抗，別試著擺平傷痛，如果傷痛會說話，它不會要這樣的對待，也不會希望是這些負面及惡意的方式。

傷痛的療癒，需要敷藥與包紮，也需要復健與鍛鍊，只是因為無形，而容易被忽略與輕看。

在冗長沉重，讓人很容易誤以為沒有終點的療癒過程裡，唯有愛，能讓我們安心的走在當中，唯有愛，可以讓我們知道，即使再大再多的不堪與醜陋，愛，都能撫慰與接納。

試著不再批判你的傷痛，停止所有的羞愧感與貶抑。生命，不是生來被羞愧感與貶抑佔滿，忘了生命可以有的其他美好感覺與經驗。

我現在的生命，最大滿足，便是聽到有人告訴我，真的感受與體會到我對他的愛。因為這份愛的存在，他願意開始學習愛自己、善待自己。如果可以，也願意將這愛傳遞給更多的心靈，讓這世界人與人之間更好，更彼此善待。

人間必然有傷害存在，傷痛的人也必然存在，我們無法終結傷害的存在，因為有人，就可能有傷害的發生。但我們可以讓傷害不再發生，也可以選擇以愛回應苦痛的遭遇，並願意讓自己能夠走向療癒，在傷痛的破壞與失落後，一步一步的找回最初始的自己，那個天真與熱情，具有愛的生命。

結語
因為愛，我存在

曾經，我誤以為能讓我活下來，並活得成功的管道是——堅強，杜絕一切脆弱；只要不認輸，只要夠強悍，只要不示弱，我就不會讓任何人欺負得了我，並且能得到存在的認可。

但如今，我知道，我活得夠好，活得安然適在，並不是靠著堅強，或是不認輸的性格，而是，因為愛，可以溫柔的對待生命。

我被神靈的愛療癒，也被人世間的愛療癒。我相信生命最美好的事，是創造愛與分享愛，感受愛與成為愛。

如果這世間沒有愛的存在，這世界真的沒有值得我們存在的理由。如果我們只是要確保生活無虞，可以吃得飽與活得安全舒適，而無法感受到愛，我們終究不會滿足與快樂。或許你不會過一種物質生活窮與貧的日子，卻會過一種情感與心靈生活窮與貧的日子。

因為感受到愛，與深深的相信愛的存在，所以，我並不貧與窮。並且，因著愛，我可以溫柔與溫暖的承接苦難與苦痛的存在，而不企圖否認與迴避。這是有力量的承接，不是沒有力量的承受撞擊與毀壞。

愛是一份慈悲，愛是一份接納，愛是一份容許與尊重。愛生命的人，都願意給出這樣的愛。

愛，才是我此生最重要的實踐與信仰。

經歷了生涯上多次的轉換，成為一位諮商心理師的我始終認為，我不等同於諮商心理師。這個社會角色，是一份離我最想成為的人最近的一種職業，也讓我可以靠近生命、領會生命。這一份與人、與生命相關的工作，我相信是生命之主安排我在一個位置、一個角度、一個視野中認識生命、體會人生的途徑。

每一個人都有他的天職，也就是他此生最重要與適合的位置，若他找著了，並實現了他所有的潛力與才能，他便會得著成長、快樂與轉化，也能影響世界。

我認為，我此生重要的天職就是成為一名愛的療癒者；喚回人能愛人、能愛自己與接受單純被愛的能力；感受愛、體會愛、擁抱愛、付出愛，與成為愛。

在療癒的工作中，我期待自己有太陽的能量，有月光的撫慰，有大山的穩重，有流水的柔情，有風的自由，有雨的滋潤，有天的寬闊，有地的實在。

我想，若某天，我不再是一名諮商心理師或社工師，我仍會是一名愛的療癒者與愛的呼籲者。這是恆久，與我生命共存共在的職志。

我寫作，是為了療癒人心；我繪畫，是為了撫慰人心；我談話，是為了溫暖人心。

而這一切的一切，都是為了讓這世上回到有愛的世界，可愛的世界。

我們的世界像是籠罩了一大片的烏雲，讓人很容易感受到沮喪與絕望。長期以來重視輸贏競爭、功利計算的教育方式（無論家庭教育或學校教育）讓我們的家庭或是人際之間，對愛的體會越來越稀薄，取代的是大量的操控與需求的滿足，並有許多相互的比較與相互傷害，而不是好好的正視自己的人生，與接納自己的人生，並實踐自己的夢想。

我常常會遇到許多心理困擾的當事人詢問我：什麼是愛？為什麼我感受不到愛？為什麼我覺得心中一點兒都體會不到愛？

他們因著生命裡無愛，而痛惡世界，厭倦生命，痛恨自己與他人。

這不是他們的錯，這是我們的社會環境所製造出來的一個「缺愛」的社會。我們都在這當中生存，只感到沉悶與無奈。除非，我們覺醒，從心的覺醒。停止一切傷人與自傷的行為，不以傷人與自傷延續著痛苦與仇恨，也不以傷人與自傷方式來操控環境符合自己的欲求。

這仍是生命的選擇，我深信。要讓生命朝向哪樣的境地走，是人自己的選擇，不能由他人決定，也不能由他人指使。

維護這一份選擇的自由，人才真能在成長中一點一滴的完成自己生命的呼喚與夢想。

對我來說，療癒的工作，就是愛的實踐工作，也是我此生的呼喚與夢想。

我堅定的相信，無論什麼，都無法將我的生命與愛隔絕，直到我生命完成的那刻，都將如此。

附錄

當你對於療癒自己有所覺知，當你開始意識到你早年被壓抑或忽略的傷痛，當你開始嘗試回顧自己的人生，為自己傷痕累累的人生療傷止痛，當你願意開始觀照自己，與自己重新恢復連結，你可以嘗試閱讀以下書籍，若你願意深入內在，進行心靈對話與療癒，則可尋求心理諮商服務的協助。

◎關於與自我關係

《愛與生存的勇氣——自我關係療法的詮釋與運用》，生命潛能出版。
《陰影也是一種力量》，人本自然。
《為自己出征》，方智出版。
《逆境的祝福》，天下文化。
《愛是一切答案》，天下文化。

◎關於家庭造成的陰影與傷痛

《走出病態互依的關係》，光點文化。
《家庭會傷人》，張老師文化。
《和好再相愛》，張老師文化。
《關係療癒》，張老師文化。
《熱鍋上的家庭》，張老師文化。

◎關於愛情的傷痛

《愛，上了癮：撫平因愛受傷的心靈》，心靈工坊。

《伴侶療傷》，上智出版。

《終於學會愛自己》，心靈工坊。

《愛他，也要愛自己：女人必備的七種愛情智慧》，心靈工坊。

《關係花園》，心靈工坊。

◎關於暴力、受虐經驗的傷害

《受虐的男孩，受傷的男人》，張老師文化。

《拯救莎曼珊：逃離童年創傷的復原歷程》，心靈工坊。

《孩子，別怕：關心目睹家暴兒童》，心靈工坊。

《錯的是我們，不是我：家暴的動力關係》，商周出版。

◎關於生命的失落

《走在失落的幽谷——悲傷因應指引手冊》，心理出版社。

《請容許我悲傷》，張老師文化。

《於是，我可以說再見》，寶瓶文化。

《小屋》，寂寞出版。

心理諮詢專線

（實際服務內容、服務方式以機構告知者為準）

※張老師各中心聯絡方式

全省簡撥碼：1980

＊台北「張老師」諮商專線：（02）27166180

聯絡地址：台北市敦化北路131號

電子信箱：cyctpcgc@ms15.hinet.net

服務時間：每週一至六早上8:30至12:00　下午2:00至5:30　晚上6:00至9:30

＊三重「張老師」諮商專線：（02）2989-6180

行政專線：（02）2986-7171

聯絡地址：台北縣三重市自強路一段158號

服務時間：每週一至六　下午2:00至5:30　晚上6:00至9:30

＊基隆「張老師」諮商專線：（02）2433-6180
聯絡地址：基隆市獅球路8號
電子信箱：cycklctc@ms14.hinet.net
服務時間：每週一至五晚上6:30至9:30　每週六早上9:00至12:00　下午2:00至5:00
晚上6:30至9:30

＊桃園「張老師」諮商專線：（03）331-6180
聯絡地址：桃園市成功路二段7號7樓
電子信箱：cyctyntc@ms4.hinet.net
服務時間：每週一至六下午1:30至5:00　晚上6:00至9:00

＊中壢「張老師」諮商專線：（03）425-6180
聯絡地址：中壢市元化路226號4樓
電子信箱：cyc034259955@yahoo.com.tw
服務時間：每週一至六下午1:30至5:00　晚上6:00至9:00

＊新竹「張老師」諮商專線：（03）535-6180
聯絡地址：新竹市府後街58號新竹市青少年館（向陽館）
電子信箱：hctcc@pchome.com.tw　cychcctc@ms14.hinet.net
服務時間：
每週一至五晚上6:30至9:00　每週六下午2:00至5:00　晚上6:30至9:00

＊台中「張老師」諮商專線：（04）2206-6180
聯絡地址：台中市進化北路369號7樓
電子信箱：mumu123@ms18.hinet.net
網址：www.cyc.org.tw/d031/index.htm
服務時間：每週一至六早上9:00至12:00　下午1:30至5:00　晚上6:00至9:00
每週日早上9:00至12:00　下午1:30至5:00

＊彰化「張老師」諮商專線：（04）722-6180
聯絡地址：彰化市卦山路2號
電子信箱：cycchntc@ms14.hinet.net
服務時間：每週一至六下午2:00至5:00　晚上6:30至9:00　每週日下午2:00至5:00

＊嘉義「張老師」諮商專線：（05）275-6180
聯絡地址：嘉義市忠孝路307號
電子信箱：cyccytc@ms15.hinet.net
服務時間：每週一至五晚上6:30至9:00　每週六下午2:00至4:30

＊台南「張老師」諮商專線：（06）236-6180
聯絡地址：台南市大學路西段65號
電子信箱：cyctnctc@ms15.hinet.net
服務時間：每週一至六下午：2:00至5:00　晚上：6:00至9:00

＊高雄「張老師」諮商專線：（07）330-6180
聯絡地址：高雄市苓雅區中山二路412號3樓
中心網址：www2.nsysu.edu.tw/t-chang

＊宜蘭「張老師」諮商專線：（03）936-6180
聯絡地址：宜蘭市渭水路100之2號
電子信箱：cycilintc@ms15.hinet.net
服務時間：每週一至六晚上6:30至9:30　每週三、五下午2:00至5:00

*花蓮「張老師」諮商專線：（03）8326-180
聯絡地址：花蓮市公園路40-11號
服務時間：每週一至六晚上6:30至9:30　每週六下午2:00至5:00

※社團法人國際生命線台灣總會
電話：（02）2718-9595、（02）2547-3587
協談專線：全國各地直接撥打1995

※馬偕平安線
（02）2531-0505、（02）2531-8595

※宇宙光輔導中心
（02）2362-7278

※台北市佛教觀音線協會
聯絡地址：台北市南京東路五段251巷46弄5號7樓（松山社福大樓）
協談專線：（02）2768-7733
電子信箱：budda@mail.seeder.net.tw

專業心理諮商機構

（實際服務內容、服務方式以機構告知者為準）

◎心理諮商所

格瑞思心理諮商所（2004.09.21）
地址：台北市信義路四段265巷21弄26號1樓
電話：（02）2325-4648　傳真：（02）2701-5141

觀新心理成長諮商中心（2005.02.24）
地址：台北市羅斯福路三段125號3樓之5
電話：（02）2363-3590、（02）2363-4633　傳真：（02）2363-8412

聯合心理諮商所（2005.06.03）
地址：台北市光復南路260巷23號5樓
電話：（02）2777-1366　傳真：（02）2777-1600

歸心心理諮商所（2005.12.21）

地址：台北市和平東路一段198號4樓
電話：（02）3322-1698、（02）2367-2435

天力亞太心理諮商所（2005.12.21）
地址：台北市復興南路二段293-3號7樓之2
電話：（02）2377-0993　傳真：（02）2377-1687

拉第石心理諮商所（2006.08.14）
地址：台北市新生南路一段103巷9之1號1樓
電話：（02）2752-7588　傳真：（02）2752-8011

可言心理諮商所（2006.09.27）
地址：台北市忠孝西路一段50號13樓
電話：（02）2388-7802

頭陀心理諮商所（2007.11.13）
地址：台北市八德路四段650號13樓之12
電話：（02）2742-3684

杏陵心理諮商所（2007.11.28）
地址：台北市復興南路二段82號5樓之1
電話：（02）2754-1300

羅吉斯心理諮商所（2009.2.20）
地址：台北市文山區景興路258號9樓
電話：（02）2935-0804　手機：0935-965-774

癒心鄉心理諮商中心（2009.2.20）
地址：台北市北投區明德路365號
電話：（02）2822-7101分機3257

◎財團法人基金會諮商服務

呂旭立紀念文教基金會（2005）
地址：台北市羅斯福路三段245號8樓之2
電話：（02）2363-8040、（02）2363-5939　傳真：（02）2363-9424

張老師基金會台北分事務所（2005）
地址：台北市敦化北路131號
行政：（02）2717-2990　輔導：（02）2716-6180

華人心理治療研究發展基金會（2005）
地址：台北市麗水街28號6樓
電話：（02）2392-3528分機29　傳真：（02）2392-5908

勵馨社會福利事業基金會（2006）
地址：台北市羅斯福路二段75號7樓（古亭捷運站4號出口）
電話：（02）2367-9595　傳真：（02）2367-3002

懷仁全人發展中心（2007）
地址：台北市中山北路一段2號9樓950室（中央大樓）
電話：（02）2311-7155、（02）2311-7158　傳真：（02）2331-1193

天使心家族社會福利基金會（2007）

地址：台北市松山區復興北路313巷28號6樓

電話：（02）2718-1717　傳真：（02）2546-0236

廣青文教基金會（2007）

地址：台北市松江路206號12樓1029室

電話：（02）2581-1954　傳真：（02）2562-4282

吾心文教基金會（2008）

地址：台北市忠孝東路一段85號12樓之3

電話：（02）2322-4333　傳真：（02）2321-7265

任兆璋修女林美智老師教育基金會（2008）

地址：台北市忠孝東路三段100號5樓

電話：（02）2778-0703　傳真：（02）2778-0719

罕見疾病基金會（2008）

地址：台北市中山區長春路20號6樓

電話：（02）2521-0717至8　傳真：（02）2567-3560

◎醫療院所

馬偕醫院協談中心（2005）

地址：台北市中山北路二段92號9樓

電話：（02）2543-3535　傳真：（02）2571-8427

中崙聯合診所心理諮商團隊（2005）

地址：台北市八德路二段303號

電話：（02）2771-1501　傳真：（02）2721-9873

仁康心理諮商中心（2006）

地址：台北市基隆路二段131-24號

電話：（02）2736-0226分機6612

台北市立聯合醫院松德院區（2005）

地址：台北市松德路309號

電話：（02）2726-3141

台北市立聯合醫院婦幼院區（2005）

地址：台北市福州街12號

電話：（02）2391-6470

◎社區健康服務中心

台北市社區心理衛生中心（2005）

地址：台北市金山南路一段5號

電話：（02）3393-6779　傳真：（02）3393-6588

台北市松山區健康服務中心（2005）

地址：台北市八德路四段692號松山健康服務中心1樓

電話：（02）2765-3147

台北市大安區健康服務中心（2005）

地址：台北市辛亥路三段15號大安健康服務中心1樓

電話：（02）2739-0344

台北市中山區健康服務中心（2005）

地址：台北市松江路367號中山健康服務中心1樓

電話：（02）2501-3363

台北市中正區健康服務中心（2005）

地址：台北市牯嶺街24號中正健康服務中心1樓

電話：（02）2321-0168

台北市信義區健康服務中心（2005）

地址：台北市信義路五段15號信義健康服務中心1樓

電話：（02）8780-4152

台北市文山區健康服務中心（2005）

地址：台北市木柵路三段220號文山健康服務中心1樓

電話：（02）8661-1653、（02）8661-1621

台北市大同區健康服務中心（2006）

地址：台北市昌吉街52號大同健康服務中心1樓

電話：（02）2594-8971

台北市內湖區健康服務中心（2006）

地址：台北市民權東路六段99號內湖健康服務中心1樓

電話：（02）2790-8387

台北市南港區健康服務中心（2006）

地址：台北市南港路一段360號南港健康服務中心1樓

電話：（02）2786-8756

台北市士林區健康服務中心（2006）

地址：台北市中正路439號士林健康服務中心1樓

電話：（02）2883-6268

台北市萬華區健康服務中心（2006）

地址：台北市萬華區東園街152號萬華健康服務中心1樓

電話：（02）2339-5384

台北市北投區健康服務中心（2006）

地址：台北市北投區中和街8號
電話：（02）2891-2670

國家圖書館預行編目資料

因愛誕生：一段父親帶我回家的路／蘇絢慧著. --初版. --臺北市:寶瓶文化, 2009. 11
面； 公分. --(vision；82)

ISBN 978-986-6745-93-5（平裝）

1. 心理治療 2. 愛
178. 8 98021211

vision 082

因愛誕生——一段父親帶我回家的路

作者／蘇絢慧

發行人／張寶琴
社長兼總編輯／朱亞君
副總編輯／張純玲
資深編輯／丁慧瑋　編輯／林婕伃・周美珊
美術主編／林慧雯
校對／張純玲・陳佩伶・余素維・蘇絢慧
業務經理／黃秀美
企劃專員／林歆婕
財務主任／歐素琪　業務專員／林裕翔
出版者／寶瓶文化事業股份有限公司
地址／台北市110信義區基隆路一段180號8樓
電話／(02)27494988　傳真／(02)27495072
郵政劃撥／19446403　寶瓶文化事業股份有限公司
印刷廠／世和印製企業有限公司
總經銷／大和書報圖書股份有限公司　電話／(02)89902588
地址／新北市五股工業區五工五路2號　傳真／(02)22997900
E-mail／aquarius@udngroup.com

法律顧問／理律法律事務所陳長文律師、蔣大中律師
如有破損或裝訂錯誤，請寄回本公司更換
著作完成日期／二〇〇九年九月
初版一刷日期／二〇〇九年十一月三十日
初版四刷+日期／二〇一八年十二月二十五日
ISBN／978-986-6745-93-5
定價／二六〇元

AQUARIUS 寶瓶 文化事業

愛書人卡

感謝您熱心的為我們填寫，
對您的意見，我們會認真的加以參考，
希望寶瓶文化推出的每一本書，都能得到您的肯定與永遠的支持。

系列：Vision082　**書名：因愛誕生——一段父親帶我回家的路**

1. 姓名：＿＿＿＿＿＿＿＿＿　性別：□男　□女
2. 生日：＿＿年＿＿月＿＿日
3. 教育程度：□大學以上　□大學　□專科　□高中、高職　□高中職以下
4. 職業：＿＿＿＿＿＿＿＿
5. 聯絡地址：＿＿＿＿＿＿＿＿＿＿＿＿＿＿＿＿＿＿＿＿＿＿＿＿

   聯絡電話：＿＿＿＿＿＿＿＿＿　手機：＿＿＿＿＿＿＿＿＿
6. E-mail信箱：＿＿＿＿＿＿＿＿＿＿＿＿＿＿＿＿＿＿

   □同意　□不同意　免費獲得寶瓶文化叢書訊息
7. 購買日期：＿＿ 年 ＿＿ 月 ＿＿日
8. 您得知本書的管道：□報紙／雜誌　□電視／電台　□親友介紹　□逛書店　□網路　□傳單／海報　□廣告　□其他
9. 您在哪裡買到本書：□書店，店名＿＿＿＿＿＿　□劃撥　□現場活動　□贈書　□網路購書，網站名稱：＿＿＿＿＿＿＿　□其他＿＿＿＿＿＿
10. 對本書的建議：（請填代號　1. 滿意　2. 尚可　3. 再改進，請提供意見）

    內容：＿＿＿＿＿＿＿＿＿＿＿＿＿＿

    封面：＿＿＿＿＿＿＿＿＿＿＿＿＿＿

    編排：＿＿＿＿＿＿＿＿＿＿＿＿＿＿

    其他：＿＿＿＿＿＿＿＿＿＿＿＿＿＿

    綜合意見：＿＿＿＿＿＿＿＿＿＿＿＿＿＿＿＿＿＿＿＿＿＿＿＿＿＿＿＿＿＿
11. 希望我們未來出版哪一類的書籍：＿＿＿＿＿＿＿＿＿＿＿＿＿＿＿＿＿＿

讓文字與書寫的聲音大鳴大放

寶瓶文化事業股份有限公司

（請沿此虛線剪下）

廣　告　回　函
北區郵政管理局登記
證北台字15345號
免貼郵票

寶瓶文化事業股份有限公司　　收

110台北市信義區基隆路一段180號8樓

8F,180 KEELUNG RD.,SEC.1,

TAIPEI.(110)TAIWAN R.O.C.

（請沿虛線對折後寄回，謝謝）